CONVERSATIONAL FRENCH DIALOGUES

Over 100 French Conversations and Short Stories

Conversational French Dual
Language Books Vol.1

www.LingoMastery.com

TABLE OF CONTENTS

INTRODUCTION

So you want to learn French? Excellent — if you've purchased this book then you're already well on your way to doing so. French is a Romance language spoken by over 270 million people around the world and is expected to grow to approximately 500 million by 2025.

Since we are born, our life is constantly about picking up small and large things and learning to identify what works for us and what doesn't; knowing what we can improve on and what makes us worse; and finally, studying where we made the wrong choices and learning lessons from them.

Learning a language is no different.

Some students choose — or are provided with — the wrong means of study, with professors giving them boring textbooks full of rules they'll never learn or need in a real world situation; while others may overwhelm them with reading material that only serves to make them feel uncomfortable and doubtful of their own skills and level as a French learner.

Our goal with this book is to allow you, the reader, to encounter useful, entertaining conversations that adapt very well into dozens of real life situations that you can and certainly *will* encounter in the French-speaking world, giving you a chance to fend for yourself when you come across them!

Vocabulary is crucial to learning *any* new language, and the conversations in this book will *guarantee* you pick up plenty of it and watch how it is applied to real life.

What this book is about and how it works:

This book will ensure you practice your conversational skills in French through the use of **over 100 examples of conversations,** written in both French *and* English to allow you to fully understand what's going on in each and every one of them.

Each new chapter is an entirely new, fresh conversation between two people of an everyday situation you may tackle sooner or later. You'll be able to observe how to handle yourself when it comes to booking a room at a hotel, asking for directions on the street, meeting an old classmate by chance and ordering food at a restaurant, among many others.

If you want to ensure proper understanding of the story, we recommend you read the story in both languages and follow the narrative in a way that gives you the chance to cross-reference what's going on in French by checking out the story in clear, concise English.

So, now you know what it is the book will provide you...what are the best ways to use it?

Tips and recommendations for readers of *Conversational French Dialogues*:

This book is certainly easy to pick up and use as many times as you need to, but there are effective ways of applying it to your learning that will get you the most out of it. Remember, being effective will not only increase the amount you learn, but also decrease the time you need to spend on doing so!

So what should you do to improve your learning with *Conversational French Dialogues* Well, you can always:

1. Roleplay these conversations, whether it's alone or with a friend — Pretending to actually call a taxi with a friend may actually do much more for your knowledge of French than any lesson will. This book provides you with plenty of material so go ahead and act! Your pronunciation, fluency and confidence will all benefit from it!

2. Look up the words you don't understand — there will always be vocabulary and specific terms you may not get and which aren't translated exactly word-for-word (for our purposes of making the conversation realistic in both languages), so you may need a dictionary. Don't feel upset or ashamed of jotting down those words you don't understand for a quick search on the internet later on!

3. Make your own conversations! — Once you're done with this book, pick any conversation from the *hundred and five* examples you have and adapt it to your own version. Why not make it so that the receptionist of the hotel *didn't* have rooms? Or maybe the friends meeting each other *weren't* so friendly, eh? Find something you like and create something new!

4. Don't be afraid to look for more conversations once you've finished reading and practicing with this book — Only through practice can you reach perfection, or at least as close as you can get to it!

Now go ahead and show the world you can handle anything! Work hard and keep it up, and before long you'll breeze past any French lesson.

FREE BOOK!

1

COMMANDER UNE PIZZA

-

ORDERING A PIZZA

Luc : Bonjour, Pizza Pronto, j'écoute votre commande.

Marie : Bonjour, je voudrais une grande pizza ainsi qu'une petite s'il vous plaît.

Luc : Pas de problème. Quelle garniture ?

Marie : La grande avec des légumes seulement et la petite avec des anchois.

Luc : Concernant les pizzas végétariennes nous avons la Pomodora et la Vivaldi. S'agissant des anchois, nous avons la Del Mare, avec anchois, olives, artichaut, tomate et pesto.

Marie : Je n'ai pas regardé votre menu. Attendez je regarde sur votre site.

Luc : D'accord.

Marie : Alors OK pour la Vivaldi en grande pizza et la Del Mare en petite.

Luc : À livrer ou à emporter ?

Marie : À emporter. Elles seront prêtes dans combien de temps ?

Luc : Le temps d'attente est de 45 minutes. Vous voulez des boissons et desserts ? La formule Menu Famille comprend 2 grandes pizzas au choix, 4 boissons (eau, bière ou soda) et 4 desserts. Pour 50 euros.

Marie : Ah oui c'est intéressant. Finalement j'ai changé d'avis, je vais plutôt prendre la formule Menu Famille.

Luc : Quelles boissons désirez-vous? En desserts nous avons des gâteaux au chocolat, salades de fruits ou glaces au chocolat, à la vanille ou à la fraise.

Marie : Alors ce sera 2 sodas, 1 jus d'orange et 1 bière, et les desserts 2 gâteaux au chocolat, 1 salade de fruits et 1 glace à la fraise s'il vous plaît. À dans 45 minutes alors !

Luc : Attendez ! J'ai besoin de votre nom !

Marie : Bien sûr ! Mettez-le au nom de Marie. Merci !

Luc : Je vous en prie, Marie. Bonne soirée.

ORDERING A PIZZA

Luc: Hello, Pizza Pronto, what's your order?

Marie: Hello, I would like a big pizza and a small one please.

Luc: No problem. Which ones?

Marie: The large one with vegetables only and the small one with anchovies.

Luc: Our vegetarian pizzas are the Pomodora and the Vivaldi. For the anchovies, we have the Del Mare, that comes with anchovies, olives, artichokes, tomatoes and pesto.

Marie: I did not look at your menu. A moment, I will look on your website.

Luc: Ok.

Marie: So OK for the Vivaldi in large size and the Del Mare in small.

Luc: Delivery or take away?

Marie: Take away. How long before they are ready?

Luc: The waiting time is currently 45 minutes. Do you want drinks and desserts? The Family Menu includes 2 large pizzas of your choice, 4 drinks (water, beer or soda) and 4 desserts. 50 euros in total.

Marie: Oh yes it's interesting. I have changed my mind; I would rather order the Family Menu.

Luc: Which drinks do you want? For desserts we have chocolate cakes, fruit salads or chocolate, vanilla or strawberry ice creams.

Marie: 2 sodas, 1 orange juice and 1 beer, and for dessert 2 chocolate cakes, 1 fruit salad and 1 strawberry ice cream please. See you in 45 minutes then!

Luc: Wait! I need your name!

Marie: Of course! My name is Marie. Thank you!

Luc: You are welcome, Marie. Enjoy your evening.

2

RENDEZ-VOUS CHEZ LE DENTISTE

-

DENTIST APPOINTMENT

Sophie : Bonjour, Monsieur Dion, entrez. Asseyez-vous, je vous en prie. Alors ? Qu'est-ce qui vous amène ?

Laurent : Bonjour Docteur. J'ai une dent qui bouge. Et ça fait longtemps que je n'ai pas fait de détartrage. Alors on peut faire un petit contrôle de routine.

Sophie : Bien entendu. Allez vous installer dans le fauteuil s'il vous plaît. Alors. Quelle est la dent qui vous gêne ?

Laurent : C'est cette molaire ici à droite.

Sophie : Hmmm. Je vois. Oui en effet. Vous avez mal ?

Laurent : Non pas spécialement.

Sophie : Nous allons commencer par le détartrage si vous voulez bien parce qu'il y a beaucoup de dépôts. J'y verrai plus clair.

Laurent : D'accord. C'est douloureux ?

Sophie : Non ne vous inquiétez pas tout se passera bien. Voilà ! C'est fait ! Rincez-vous la bouche.

Laurent : Ah je me sens beaucoup plus léger !

Sophie : Je veux bien vous croire, avec tout ce que j'ai enlevé ! D'ailleurs, vous voyez la molaire qui bougeait ? Et bien c'était la plaque de tartre, je pense, qui se décollait. Je vais taper dessus. Vous sentez quelque chose ?

Laurent : Non. Rien. Elle ne bouge plus !

Sophie : Voilà. Sinon rien à dire, vos dents sont en bonne santé. Pas de caries. Mais pensez à revenir me voir tous les 6 mois pour votre détartrage !

Laurent : Oui, promis.

DENTIST APPOINTMENT

Sophie: Hello Mr. Dion, enter. Please sit down. So? What brings you here?

Laurent: Hello Doctor. I have a loose tooth. And it's been a long time since my last dental scaling. So we can do a little routine check.

Sophie: No problem. Sit in the chair please. So, which tooth is bothering you?

Laurent: This is the molar here on the right.

Sophie: Hmmm. I see. Yes, indeed. Does it hurt?

Laurent: Not really.

Sophie: We will start with descaling because there are plenty of deposits. I will see more clearly.

Laurent: Okay. Is it painful?

Sophie: No, do not worry, everything will be fine. Here! Done! Rinse your mouth.

Laurent: Ah I feel much lighter!

Sophie: I do believe you, with what I removed! By the way, this loose molar? Well, it was the calculus, I think, that was peeling off. I'm going to hit it. Feeling something?

Laurent: No. Nothing. It does not move anymore!

Sophie: Here you go. Otherwise nothing to say, your teeth are healthy. No cavities. But remember to come back every 6 months for your descaling!

Laurent: Yes, promised

3

SHOPPING

-

SHOPPING

André : Bon alors, ma fille, de quoi as-tu besoin ?

Pascaline : Il me faut une nouvelle paire de chaussons de danse. Et une robe pour l'école. Une tenue de sport aussi.

André : Tout ça ? Je ne sais même pas où ça s'achète. J'aurais vraiment aimé que tu attendes le retour de ta mère pour cette séance de shopping.

Pascaline : Mais elle ne revient pas avant trois jours ! C'est trop long, ça ne peut pas attendre, papa ! Je peux prendre des chaussons bleus ?

André : Tu prends ce que tu veux du moment que tu les prends vite.

Pascaline : Tu préfères quelle tenue ? La jaune ou la verte ?

André : La jaune, comme ça on te verra la nuit si tu fais du vélo et tu ne risqueras pas d'accident.

Pascaline : Pfff... Tu n'as vraiment aucun sens de la mode.

André : Vraiment chérie, pour la robe ne préfères-tu pas attendre le retour de ta mère ?

Pascaline : Je n'ai plus rien à me mettre ! Allons dans ce petit magasin ou maman m'achète tous mes vêtements.

André : Tu as vu le prix ? Les robes pour enfants nécessitent moins de tissus que les robes pour adultes. Je pensais que les prix seraient proportionnels.

Pascaline : Pfff. Ça va, hein, je te la rembourserai.

André : Haha ! Avec l'argent de poche que je te donne ?

SHOPPING

André: Well then, daughter, what do you need?

Pascaline: I need a new pair of ballet shoes. And a dress for school. A training outfit too.

André: All this? I do not even know where to buy those. I really wish you had waited for your mother's return for this shopping trip.

Pascaline: But she won't come back before three more days! It's too long, it cannot wait, dad! Can I take the blue shoes?

André: You take what you want as long as you take it quickly.

Pascaline: Which outfit do you prefer? Yellow or green?

André: The yellow one, so we'll see you at night if you ride a bike and you will be safe from accidents.

Pascaline: Ugh... You really have no fashion sense.

André: Really darling, for the dress, don't you prefer to wait for your mother to come back?

Pascaline: I have nothing to wear! Let's go to this little shop where mom buys all my clothes.

André: Did you see the price? Children's dresses take less fabric than adult dresses. I thought the prices would be proportional.

Pascaline: Ugh. Don't worry, I'll pay you back.

André: Haha! With the allowance I'm giving you?

4

CHANGER DE L'ARGENT

-

CURRENCY EXCHANGE

Michael : Bonjour, j'ai des dollars et je voudrais des euros.

Gabrielle : Dollars US ou Canadiens?

Michael: US.

Gabrielle : Il me faut votre passeport s'il vous plaît.

Michael : Voilà. J'ai 300 dollars, cela fera combien d'euros?

Gabrielle : Cela fera 256 euros et 34 cents, à cela nous enlevons notre commission de change qui est de 10 %.

Michael : Commission de change?

Gabrielle : Les frais de change.

Michael : D'accord.

Gabrielle : Alors ça fera 230 euros et 71 cents pour vous.

Michael : Merci.

Gabrielle : Et voici 50, 100, 150, 200... et 230, et voici 71 cents.

Michael : Est-ce que je peux avoir des billets de 1 euro plutôt que toutes ces pièces s'il vous plaît?

Gabrielle : Les billets de 1 euro ça n'existe pas, Monsieur. Il y a des billets de 5,10, 20, 50, 100 et 200 euros. Rarement des billets de 500, mais vérifiez que ce sont des vrais. Tout ce qui est plus petit sera en pièces.

Michael : Oh, je ne savais pas. Et pourquoi ces deux pièces de 2 euros sont différentes?

Gabrielle : Il y a des euros frappés par différents pays de la communauté européenne. Celle-là est une pièce allemande et celle-ci une pièce italienne.

Michael : Ah oui ! Mais je reste seulement en France !

Gabrielle : Vous pouvez les utiliser dans toute la zone euro. Peu importe de quel pays elles viennent. Ce sont des euros !

Michael : Aux États-Unis tous nos billets se ressemblent. Au moins avec les euros ça fait beaucoup de variété !

Gabrielle : Vous allez vous y faire ne vous inquiétez pas.

CURRENCY EXCHANGE

Michael: Hello, I have dollars and I would like euros.

Gabrielle: US Dollars or Canadian?

Michael: US.

Gabrielle: I need your passport, please.

Michael: Here it is. I have 300 dollars; how many euros will I get?

Gabrielle: That will be 256 euros and 34 cents, to that we subtract our exchange commission which is 10%.

Michael: Exchange commission?

Gabrielle: The fees.

Michael: Okay.

Gabrielle: So it'll be 230 euros and 71 cents for you.

Michael: Thank you.

Gabrielle: And here's 50, 100, 150, 200 ... and 230, and here's 71 cents.

Michael: Can I get 1 euronote instead of all those coins please?

Gabrielle: The 1 euro banknotes do not exist, sir. There are notes of 5, 10, 20, 50, 100 and 200 euros. Rarely 500 euro notes, but remember to check whether they are real. Everything smaller will be in coins.

Michael: Oh, I did not know about that. And why are these two coins of 2 euros different?

Gabrielle: There are euros minted in different countries in the European community. This one is a German coin and that one is an Italian coin.

Michael: Oh yes! But I will only stay in France!

Gabrielle: You can use them throughout the Eurozone. It does not matter which country they come from. These are euros!

Michael: In the United States all our banknotes look the same. At least with euros there is a lot of diversity!

Gabrielle: You'll get used to it, don't worry.

5

LA RENTRÉE

-

FIRST DAY OF SCHOOL

Paul : Je ne veux pas y aller.

Christelle : Paul, mon chéri. Ce n'est pas comme si tu avais le choix. L'école est obligatoire. Et puis tu vas retrouver tous tes copains ! Maxime, Zola, and Thibault...

Paul : Mais je les vois tous les soirs au foot !

Christelle : Tu veux arrêter l'école à 13 ans et aller travailler dans une mine de charbon ?

Paul : Oui !

Christelle : Ça alors. Oui et bien de toute façon ce n'est pas possible. Tu me remercieras d'avoir eu l'opportunité d'apprendre toutes ces choses intéressantes quand tu seras plus âgé.

Paul : Mais il faut que j'aide papa à terminer la peinture du garage ! Et j'ai promis à mamie de l'emmener au cinéma !

Christelle : Tu feras ça mercredi ou le week-end prochain !

Paul : Je suis nul à l'école et de toute façon ça ne sert à rien.

Christelle : C'est faux tu as de bonnes notes. L'école te sert à apprendre à lire, à écrire, et à trouver un bon travail pour pouvoir payer des places de cinéma à ta grand-mère et toi, ainsi que la peinture pour le garage !

Paul : J'ai mal au ventre.

Christelle : Paul. Quand tu avais 6 ans, tu me faisais déjà ce coup à toutes les rentrées scolaires. Tu vas le faire jusqu'à l'université ?

Paul : L'université ! Ah non, je ne tiendrai pas encore dix ans à l'école !

FIRST DAY OF SCHOOL

Paul: I don't want to go.

Christelle: Paul, darling. It's not like you have a choice. School is mandatory. And you will be with all your friends! Maxime, Zola, and Thibault...

Paul: But I see them every afternoon on the football field!

Christelle: Do you want to stop school at age 13 and work in a coal mine?

Paul: Yes!

Christelle: Wow. Well, anyway it's not possible. You'll thank me for having had the opportunity to learn all these interesting things when you'll get older.

Paul: But I have to help dad finish painting the garage! And I promised grandma to take her to the movies!

Christelle: You'll do it on Wednesdays or next weekend!

Paul: I'm a bad student and school is useless.

Christelle: It's not true, you have good grades. And school allows you to learn how to read, how to write, and how to find a good job to afford movie tickets for your grandmother and you, as well as the paint for the garage!

Paul: My stomach hurts.

Christelle: Paul. When you were younger, you were already doing this to me before every first day of school. Are you going to do this until you get to university?

Paul: University! Oh no, I cannot bear to spend another ten years in school!

6

TOILETTAGE

-

PET GROOMING

René : Voici Loulou. C'est mon bichon. J'ai 70 ans et je n'ai plus la patience de le toiletter. En plus j'ai mal au dos et je ne peux plus me tortiller dans tous les sens pour le doucher et lui faire sa coupe. Je peux vous le laisser 1 heure pour que vous lui redonniez toute son allure ?

Juliette : Pas de problème.

René : Parfait. Rien de trop sophistiqué. Faites simple. Il n'est plus tout jeune, comme moi, il aime le classique.

Juliette : Ne vous en faites pas je vais bien prendre soin de lui.

René : Rebonjour. Je viens récupérer Loulou mon bichon.

Juliette : Le voici !

René : Ah non. Je suis désolé, mademoiselle, mais je vous ai laissé un bichon. Ce que vous me présentez ressemble à un coton-tige...

Juliette : Je vous assure que c'est bien Loulou !

René : Je vous avais demandé une apparence propre et classique ! Enfin, regardez-le, sa tête est une boule avec deux yeux honteux et le reste de son corps ressemble à une sorte de lapin tondu ! Il ressemble à tout sauf à un chien !

Juliette : Mais je vous assure que c'est la coupe que je fais à la plupart des bichons. C'est ce qui est demandé en ce moment par la clientèle !

René : Maintenant il va falloir que je l'emmène chez le thérapeute pour chiens pour qu'il se sente moins ridicule le pauvre ! Ça pour un changement c'est un changement !

PET GROOMING

René: Here is Loulou. This is my bichon. I'm 70 years old and I do not have the patience to groom him anymore. In addition, my back hurts and I cannot wiggle in all directions and give him a haircut. Can I leave him with you for one hour so that you can make him all fresh?

Juliette: No problem.

René: Perfect. Nothing too sophisticated. Make it simple. He is no longer a puppy, like me, he prefers the classics.

Juliette: Do not worry, I'll take good care of him.

René: Hello again. I am here for Loulou my bichon.

Juliette: Here he is!

René: Oh no. I'm sorry, miss, but I left you a bichon. What you're presenting me with looks like a cotton swab...

Juliette: I assure you it is Loulou!

René: I asked for clean and classic look! Really, look at him, his head is a ball with two shameful eyes and the rest of his body looks like a shaved rabbit! It looks nothing like a dog!

Juliette: But I assure you this is the cut I make for most bichons. This is what is requested by the clientele at this time!

René: Now I'll have to take him to the dog therapist to make him feel less ridiculous! Talk about a change!

7

BAGAGE PERDU

-

LOST LUGGAGE

Thomas: Bonjour madame, comment puis-je vous aider?

Annick: Bonjour, mon vol a atterri il y a plus d'une heure et tout le monde a récupéré sa valise sauf moi.

Thomas: Quel est votre numéro de vol s'il vous plaît?

Annick: C'était le GA2578. Au départ de Munich.

Thomas: Est-ce que vous avez bien fait le tour des tapis à l'arrivée? Ou vérifié que personne ne prenait votre valise par erreur?

Annick: Non j'en suis certaine. Ma valise se repère très facilement j'ai peint une grosse croix rose dessus pour ne pas la confondre justement!

Thomas: Je vois. Laissez-moi vérifier si votre bagage n'est pas resté au contrôle.

Annick: Franchement, hormis des culottes, des chaussettes et ma brosse à dents, il n'y avait pas grand-chose à contrôler.

Thomas: Il semblerait effectivement que votre bagage soit auprès du service de contrôle des bagages. Votre nom a été appelé dans le hall de réception des bagages à plusieurs reprises.

Annick: Ah bon! Je n'ai rien entendu!

Thomas: Dirigez-vous au bout du hall, et prenez à gauche derrière le tapis d'arrivée numéro 8. Vous arriverez directement au contrôle. Ils vous attendent pour la vérification de votre bagage.

LOST LUGGAGE

Thomas: Hello madam, how can I help you?

Annick: Hello, my flight landed more than an hour ago and everyone got their suitcase but me.

Thomas: What is your flight number please?

Annick: It was the GA2578. From Munich.

Thomas: Did you check the conveyor belts when you arrived? Or paid attention that nobody took your luggage by mistake?

Annick: No, I'm sure of that. My suitcase is very easy to find, I painted a large pink cross on it, to make sure it would be easy to spot, precisely for that reason!

Thomas: I see. Let me check if your suitcase is with the control desk.

Annick: Honestly, except for panties, socks and my toothbrush, there is not much to control.

Thomas: It does seem that your luggage is at the luggage screening department. Your name has been called in the luggage claim hall several times.

Annick: Really? I did not hear anything!

Thomas: Walk to the end of the hall, and turn left behind luggage conveyor number 8. It is the control desk. They are waiting for you.

8

LA ROBE DE MARIÉE

-

THE WEDDING DRESS

Joséphine : Tu ne trouves pas qu'elle me boudine ?

Charles : Mais non ma chérie, tu es parfaite. Cette robe est splendide avec toi dedans.

Joséphine : J'ai l'air d'une grosse meringue.

Charles : C'est parce que tu n'as pas l'habitude de porter des robes aussi spectaculaires. C'est sûr que si tu devais la porter au bureau elle serait un peu trop habillée, mais pour notre mariage elle me semble tout à fait indiquée !

Joséphine : Peut-être. Mais le blanc, ça n'amincit pas.

Charles : Ce n'est pas vraiment blanc, c'est blanc cassé.

Joséphine : Blanc gris tu veux dire ? Elle est terne c'est ça ?

Charles : Non pas du tout ! Disons qu'elle est... ivoire !

Joséphine : Autant dire jaune poussin. Donc je vais ressembler à un gros poussin sur nos photos de mariage. Génial.

Charles : Pourquoi l'as-tu choisie si tu ne l'aimes pas ?

Joséphine : Je l'aimais bien quand je l'ai achetée. Mais aujourd'hui je ne suis plus certaine de mon choix.

Charles : Ça c'est regrettable mon amour parce que nous sommes environ à 3 minutes d'entrer dans l'église pour la cérémonie. Arrête un peu. Tu es magnifique et cette robe te va à ravir. Tu es superbe ! Tu vas faire sensation. Je crois que c'est le stress qui parle.

Joséphine : Il faut voir le bon côté des choses. Je serai assortie à la pièce montée.

THE WEDDING DRESS

Josephine: Do not you think it makes me look fat?

Charles: No darling, you are perfect. This dress is splendid with you inside.

Josephine: I look like a big meringue.

Charles: It's because you are not used to wearing such a spectacular dress. Sure, if you were to wear it in the office you would be a little overdressed, but for our wedding it seems quite appropriate!

Josephine: Maybe. But the color white, it does not help to look thin.

Charles: It's not really white, it's white-ish.

Josephine: A greyish white, you mean? It's dull, right?

Charles: Not at all! Let's say the color is ... ivory!

Josephine: You might as well say it's yellow. So I will look like a big chick on our wedding photos. Awesome.

Charles: Why did you choose it if you do not like it?

Josephine: I liked it when I bought it. But today I am not sure of my choice.

Charles: That's unfortunate my love because we're about 3 minutes before entering the church for the ceremony. Stop this. You are beautiful and this dress suits you perfectly. You look stunning! You will be fabulous. I think it's your stress speaking.

Josephine: Let's focus on the good side of things. I will be matching the wedding cake.

9

SERVICE CLIENT

-

CUSTOMER SUPPORT

Michel : Bonjour, je vous appelle au sujet d'un achat défectueux.

Élodie : Bonjour. Pas de soucis monsieur. Puis-je avoir votre nom et numéro client, je vous prie ?

Michel : Monsieur Michel. 785654. Il s'agit d'un téléphone mobile.

Élodie : Je vois effectivement votre achat, il date d'il y a deux jours. Un Hymax 546. Quel est le problème, monsieur Michel ?

Michel : Et bien il s'éteint quelques instants après l'allumage. Après une dizaine de secondes, l'écran d'accueil charge, et puis plus rien.

Élodie : Très bien. Avez-vous chargé entièrement la batterie avant le premier démarrage ?

Michel : Oui. J'ai suivi scrupuleusement les instructions du mode d'emploi. Mais c'est chaque fois la même chose. Le téléphone est branché. Il indique que la charge est pleine, et quand je le débranche et le lance, il s'éteint.

Élodie : D'accord. Cela ressemble effectivement à un défaut de fabrication. Aimeriez-vous nous le retourner et le changer ?

Michel : Écoutez je n'en suis pas trop sûr. C'est la première fois que cela m'arrive avec un téléphone. Je me demande si je dois continuer de faire confiance à cette marque.

Élodie : Pour information nous avons une politique 100 % satisfait ou remboursé. Vous avez donc la possibilité de vous faire rembourser intégralement votre téléphone, de le remplacer, ou de reporter votre choix sur un autre modèle.

Michel : Je crois effectivement que je vais vous le ramener et prendre un autre modèle, avec une autre marque.

Élodie : Aucun problème. Je valide tout de suite votre numéro de bon d'échange et vous l'envoie par email. Vous n'aurez qu'à le présenter en caisse et échanger avec un modèle de votre choix. Vous n'aurez qu'à payer la différence de prix si vous optez pour un téléphone plus cher.

Michel : Merci beaucoup.

Élodie : Y a-t-il autre chose que je puisse faire pour vous aider aujourd'hui ?

Michel : Non, tout est parfait merci beaucoup.

CUSTOMER SUPPORT

Michel: Hello, I'm calling you concerning a faulty product I purchased.

Élodie: Hello. No worries, sir. Can I have your name and customer number, please?

Michel: Mister Michel. 785,654. This is about a mobile phone.

Élodie: I can actually see your purchase, from two days ago. A Hymax 546. What's the problem, Mr. Michel?

Michel: Well it turns off a few moments after being turned on. After about ten seconds, the home screen starts loading, and then nothing.

Élodie: Alright. Did you charge the battery fully before turning it on?

Michel: Yes. I scrupulously followed the instructions of the user manual. But it's always the same thing. The phone is plugged in. It indicates that the battery is full, and when I unplug it and press power, it turns on and shuts down.

Élodie: Okay. This actually looks like a manufacturing defect. Would you like to return it to us and change it?

Michel: Listen, I'm not sure. This is the first time this has happened to me with a phone. I wonder if I should continue to trust this brand.

Élodie: For your information we have a 100% money back guarantee. You have the option of having your phone fully refunded, replaced, or to choose another model.

Michel: I do believe that I will bring it back to you and take another model, from another brand.

Élodie: No problem. I will immediately validate your voucher number and send it to you by email. You will only need to present it at the checkout and exchange it for a model of your choice. You will only have to pay the price difference if you choose a more expensive phone.

Michel: Thank you very much.

Élodie: Is there anything else I can do to help you today?

Michel: No, everything is perfect, thank you very much.

10

DANS LA FILE D'ATTENTE

-

WAITING IN LINE

Daniel : Ce serait tellement plus agréable d'avoir une vraie salle d'attente avec des fauteuils confortables. Et un distributeur de tickets numérotés. Les gens arriveraient, prendraient leur ticket et attendraient, sagement, bien assis, qu'on appelle leur numéro. Ce n'est quand même pas si compliqué.

Morgane : C'est vrai que je commence à fatiguer à attendre debout en ligne comme ça.

Daniel : C'est tellement long ! Il y a au moins 15 personnes avant nous ! Et au rythme auquel chaque cas est traité, nous devrons attendre encore au moins une heure comme ça.

Morgane : Si on a de la chance, des gens se lasseront d'attendre et céderont leur place.

Daniel : Et bien écoute, depuis que nous sommes arrivés personne n'est encore parti de la file d'attente malheureusement.

Morgane : J'ai mal aux pieds. Et j'ai envie d'aller aux toilettes.

Daniel : Vas-y tu as le temps ! Et profites-en car nous sommes deux et que je peux garder ta place. Pense au pauvre mec venu tout seul qui ne peut même pas aller aux toilettes au risque de se faire voler sa place dans la queue.

Morgane : Qui va à la chasse perd sa place !

Daniel : Déjà de retour ! Tu seras heureuse d'apprendre que deux personnes ont atteint les guichets. Nous avons bien progressé d'un mètre.

Morgane : Regarde. Un autre guichet va ouvrir. Cela va avancer plus vite maintenant !

Daniel : C'est un miracle !

Morgane : Heureusement qu'on est en vacances, sinon je ne nous aurais pas vu pas passer toute la matinée ici.

Daniel : Si encore nous faisions la queue pour toucher de l'argent ou gagner quelque chose. Mais non. Nous faisons la queue pour payer nos impôts. C'est un comble.

Morgane : C'est de ta faute. Tu n'as pas voulu faire le paiement en ligne. Cela nous aurait pris 2 minutes. Sans sortir de la maison.

WAITING IN LINE

Daniel: It would be so much better to have a real waiting room with comfortable couches. And a machine printing numbered tickets. People would arrive, take their ticket and wait, quietly, sitting, for their number to be called. It's not so complicated, is it?

Morgane: It's true that I'm starting to become tired, waiting and standing in line like this.

Daniel: It's so long! There are at least 15 people before us! And at the pace at which each case is taken care of, we will have to wait at least another hour like this.

Morgane: If we're lucky, people will get tired of waiting and give up their place.

Daniel: Well listen, since we arrived, no one has left the queue, unfortunately.

Morgane: My feet hurt. And I need to go to the bathroom.

Daniel: Go ahead, you have time! Take advantage of the fact that we are two and that I can save your place. Think of the poor guy who came alone and who cannot even go to the toilet without losing his place in the queue.

Morgane: Move your feet, lose your seat!

Daniel: Already back! You'll be glad to know that two people have reached the counters. We gained one big meter.

Morgane: Look. Another desk will open. It will move faster now!

Daniel: It's a miracle!

Morgane: We're lucky we're on holidays, otherwise I would not have seen us spend the whole morning here.

Daniel: If only we were in line to get money or something. But no. We are queuing to pay our taxes. It's a shame.

Morgane: It's your fault. You did not want to make the payment online. It would have taken us two minutes. Without leaving the house.

11

LA PÉTITION

-

THE PETITION

Didier : Bonjour, madame, est-ce que vous avez une minute à consacrer à notre cause ?

Corinne : De quoi s'agit-il ?

Didier : Nous pensons que les conditions de transport des animaux d'élevage sont inhumaines. Ils arrivent à l'abattoir assoiffés, blessés et terrorisés. Parfois morts avant d'être abattus.

Corinne : Quelle horreur ! C'est vraiment abominable.

Didier : Merci de votre compassion.

Corinne : Et qu'est-ce que l'on peut faire contre ça ?

Didier : Et bien nous souhaitons imposer une réglementation sur le transport des animaux, avec des temps de transport maximaux, pas d'importation, des camions équipés, des pauses pour les abreuver. Et globalement, des contrôles plus intensifs sur l'élevage industriel.

Corinne : Oui j'imagine que ce n'est pas l'élevage artisanal qui est en cause ici.

Didier : Plus rarement. Nous faisons circuler cette pétition à envoyer aux ministres de l'Écologie et de l'Agriculture. Nous avons déjà recueilli 200 000 signatures. Chaque voix compte.

Corinne : Je suis d'accord. Donnez-moi votre pétition je vais la signer. Voilà. Mais comment faire davantage pour votre cause ? C'est très important de défendre la cause animale.

Didier : Et bien nous organisons régulièrement des protestations devant les abattoirs et vous pouvez bien sûr participer. Vous pouvez également écrire à vos députés. Et enfin, vous pouvez aussi soutenir cette cause financièrement.

Corinne : C'est évident, plus vous aurez de moyens, plus votre voix sera entendue.

Didier : Nous sommes tous bénévoles, mais nos déplacements et la mobilisation des médias, notre site Internet, tout cela coûte de l'argent malheureusement.

Corinne : Tenez, veuillez aussi prendre ce chèque. Comment fait-on pour participer à une manifestation de protestation ?

THE PETITION

Didier: Hello madam, do you have a minute for our cause?

Corinne: What is it?

Didier: We think that the conditions of transport for farm animals are inhuman. They arrive at the slaughterhouse thirsty, wounded and terrorized. Sometimes dead before being put down.

Corinne: This is horrible! It's really abominable.

Didier: Thank you for your compassion.

Corinne: And what can we do against that?

Didier: Well we want to impose a regulation on the transport of animals, with a maximum transport time, no import, equipped trucks, water breaks. And overall, more intensive controls on industrial breeding.

Corinne: Yes, I guess it's not the organic farming that is involved here.

Didier: More rarely. We will send this petition to the Ministers of Ecology and Agriculture. We already have collected 200,000 signatures. Every voice counts.

Corinne: I agree. Give me your petition I will sign it. Here. But how can I do more for your cause? It is very important to stand up for animals.

Didier: Well we regularly organize protests in front of slaughterhouses and you can, of course participate. You can also write to your representatives in the parliament. And finally, you can also support this cause financially.

Corinne: Obviously, the more resources you have, the more your voice will be heard.

Didier: We are all volunteers, but our travels and the mobilization of the media, our website, all this costs money unfortunately.

Corinne: Here, please also take this check. How may I register for the next protest?

12

DANS LE MÉTRO

-

TAKING THE SUBWAY

Rebecca : Allez, c'est parti. Nous voici dans le labyrinthe...

Olivier : Pourquoi dis-tu cela ?

Rebecca : Le métro parisien est très compliqué, je me perds à chaque fois.

Olivier : Il n'est vraiment pas compliqué. Tu es déjà allée à New York ? Ça c'est un métro compliqué.

Rebecca : Bon alors, d'après le plan nous prenons la ligne jaune, deux arrêts et nous changeons pour la mauve.

Olivier : Tu vois même un enfant y arriverait. Tu as les tickets ?

Rebecca : Oui j'ai acheté un carnet ce matin.

Olivier : Allez, dirigeons-nous vers les barrières.

Rebecca : Miracle, le tourniquet a fonctionné.

Olivier : Pense à garder ton ticket en cas de contrôle. Alors le jaune comme tu dis c'est la ligne 1. Direction La Défense ou Vincennes ?

Rebecca : Vincennes. Jusque-là, c'est facile. Regarde, c'est au bout du couloir à droite.

Olivier : Nous avons de la chance, le voici qui arrive. Le prochain était dans 4 minutes. Attention à l'ouverture des portes.

Rebecca : Super, il y a même des sièges libres. Et la climatisation marche !

Olivier : OK donc deux arrêts tu as dit, on descend à Châtelet c'est ça ?

Rebecca : Oui c'est ça. Et on marche un peu jusqu'au quai de la ligne mauve. La 14.

Olivier : Attention à la descente. Heureusement qu'il y a des escaliers mécaniques, ces kilomètres de couloirs du métro sont fatigants. Les musiciens aident aussi à rendre l'expérience divertissante !

Rebecca : 14 regarde c'est là ! Oui ! On y est. Attention à ne pas se tromper de direction...

Olivier : Et bien tu vois, c'était facile. Et on va sortir directement en face de notre destination. Vive le métro.

TAKING THE SUBWAY

Rebecca: Come on, let's go. Here we are, in the labyrinth...

Olivier: Why do you say that?

Rebecca: The Paris' subway is very complicated; I get lost every time.

Olivier: It's really not that complicated. Have you been to New York? That is a complicated subway.

Rebecca: Well then, according to the plan we must take the yellow line, two stops and change for the purple line.

Olivier: See, even a child would make it. Do you have the tickets?

Rebecca: Yes, I bought a couple this morning.

Olivier: Come on, let's walk towards the gates.

Rebecca: It's a miracle, the revolving doors worked.

Olivier: Remember to keep your ticket, in case of an inspection. So the yellow line, as you say, is actually line 1. Towards La Défense or Vincennes?

Rebecca: Vincennes. Until then, it's easy. Look, it's at the end of the corridor on the right.

Olivier: We are lucky, here it comes. The next one is in 4 minutes. Be careful when the doors open.

Rebecca: Great, there are even free seats. And the air conditioning works!

Olivier: OK so two stops you said, we go down at Châtelet right?

Rebecca: Yes, that's it. And we walk a little to reach the platform of the purple line. The 14.

Olivier: Mind the gap. Thank god there are escalators, these kilometers of subway corridors are exhausting. The musicians also help making the experience entertaining!

Rebecca: 14, look, here! Yes! Here we are. Careful not to go in the wrong direction...

Olivier: Well you see, it was easy. And we will get out directly in front of our desired destination. Long live the subway.

13

RÉSERVER UN HÔTEL

-

BOOKING A HOTEL ROOM

David : Bonjour, je voudrais effectuer une réservation s'il vous plaît.

Carole : Bonjour monsieur. Pour quelle date ?

David : Du 11 au 17 juin.

Carole : Nous avons effectivement des disponibilités pour ces dates. Chambre simple ou double ?

David : Double. Non-fumeur, idéalement.

Carole : Toutes nos chambres le sont. Il est interdit de fumer dans l'établissement. Vous avez le choix entre une chambre double avec baignoire ou douche.

David : Avec douche ça ira très bien.

Carole : Il y a un supplément de cinq euros par nuit pour une chambre avec vue sur le jardin et terrasse est-ce que cette offre vous intéresse ?

David : Oui avec plaisir. Est-ce que les petits déjeuners sont compris ?

Carole : Absolument. Les petits déjeuners se prennent entre 6h30 et 9h dans notre salon VIP. C'est un buffet avec petits déjeuners continentaux, plateaux de fruits, laitages et fromages.

David : Super. J'adore. Est-ce que votre hôtel a un parking ?

Carole : Oui c'est un parking extérieur non surveillé, mais ombragé. Avec le soleil en ce moment vous apprécierez.

David : J'ai cru voir également qu'il y avait un point de recharge pour véhicules électriques à proximité. Est-ce que je me trompe ?

Carole : Ce n'est qu'à quelques mètres oui. Êtes-vous intéressé par notre offre découverte pour notre spa ? Un massage inclus et l'accès illimité au spa et sauna pendant la durée de votre séjour pour 30 euros par personne.

David : Non merci je n'aurai pas le temps. Est-ce que je dois payer la réservation d'avance?

Carole : Non vous réglerez à votre arrivée lors de l'enregistrement. Merci monsieur.

BOOKING A HOTEL ROOM

David: Hello, I would like to book a room please.

Carole: Hello sir. What day please?

David: From June 11th to June 17th.

Carole: We do have available rooms for these dates. Single or double room?

David: Double. Non-smoker, ideally.

Carol: All our rooms are. It is forbidden to smoke in the establishment. You have the choice between a double room with a bathtub or a shower.

David: With a shower will be fine.

Carole: There is an extra charge of five euros per night for a room with a view on the garden and terrace, are you interested?

David: Yes, with pleasure. Are breakfasts included?

Carole: Absolutely. The breakfast is served between 6:30 and 9 am in our VIP lounge. It is a buffet with continental breakfasts, fruits, dairy products and cheese.

David: Great. I just love it. Does your hotel have a parking lot?

Carole: Yes, it's an unsupervised but shaded parking lot. With the sun right now, you will certainly enjoy it.

David: I think I saw that there was a loading point for electric vehicles nearby. Am I mistaken?

Carole: It's only a few meters away, yes. Are you interested in our discovery offer for the spa? The offer includes a massage and unlimited access to the spa and sauna for the duration of your stay, for 30 euros per person.

David: No thanks, I will not have time for that. Do I have to pay the reservation in advance?

Carole: No, you'll pay upon arrival when you check in. Thank you, sir.

14

EN RETARD

-

LATE

Jean : Allô Odile ? C'est Jean. Je suis désolé, ma réunion a duré plus longtemps que prévu je serai en retard pour le dîner.

Odile : Ce n'est pas grave Jean, nous t'attendrons.

Jean : Je m'excuse, ce n'est pas dans mes habitudes, mais je n'arrivais pas à me défaire de ces clients.

Odile : Ça arrive. Quand penses-tu être là ?

Jean : Écoute je viens de monter dans la voiture, j'ai déjà 20 minutes de retard comme tu as dû le constater... Et il me reste encore à traverser la ville, disons que je devrais être là d'ici 45 minutes environ.

Odile : Très bien, on a donc le temps de mettre la table et de prendre des apéritifs.

Jean : Oui, vous pouvez même commencer sans moi, je vous rejoindrai dès que possible.

Odile : Non nous allons t'attendre, on n'est pas si pressé que ça. Sois prudent sur la route, ne prends pas de risques inutiles. Roule prudemment.

Jean : Comme toujours. Je suis désolé je voulais passer chez le fleuriste, mais à cette heure-ci ils seront probablement tous fermés !

Odile : Vient tel que tu es, pas besoin de fleurs !

Jean : Je me rattraperai la prochaine fois !

Odile : Allez, fait attention à toi. Nous t'attendons.

Jean : J'arrive ! À tout de suite. Je ferais attention.

Odile : Mieux vaut tard que jamais ! À tout à l'heure. Merci d'avoir prévenu.

LATE

Jean: Hello Odile? It's Jean. I'm sorry, my meeting lasted longer than expected. I'll be late for dinner.

Odile: It's okay Jean, we'll wait for you.

Jean: I'm sorry, it's not my usual ways, but I could not get rid of those customers.

Odile: It happens. When do you think you'll be here?

Jean: Listen, I just got in the car, I'm already 20 minutes late as you may have noticed... And I still have to drive across the city, so let's say that I should be there in about 45 minutes.

Odile: Alright, we have enough time to set the table and enjoy some appetizers.

Jean: Yes, you can even start without me, I will join you as soon as possible.

Odile: No, we will wait for you, we are not that in a hurry anyway. Be careful on the road, do not take unnecessary risks. Drive safely.

Jean: As always. I'm sorry I wanted to pass by a flower shop, but at this hour, they'll probably all be closed!

Odile: Come as you are, no need for flowers!

Jean: I'll do better next time!

Odile: Alright, take care. We are waiting for you. Take your time.

Jean: I'm coming! See you soon. I'll be careful.

Odile: Better late than never! See you soon. Thank you for the heads up.

15

UN NOUVEL ORDINATEUR

-

A NEW COMPUTER

Gaëtan : Alors ? Où est cette machine ?

Simone : Dans mon bureau ! Viens, je te la montre ! Tadam !

Gaëtan : Waouh ! En effet c'est une machine merveilleuse ! Un très bel ordinateur ! Tu as dû payer ça une fortune.

Simone : Je t'avoue que je me suis fait plaisir. J'en rêvais depuis longtemps. J'y ai mis toutes mes économies, mais ça en valait la peine !

Gaëtan : Je suis certain qu'il fait même le café !

Simone : Ah non, malheureusement. Mais regarde ça. Souris sans-fil ergonomique, idéale avec le clavier sans fil également ! Tablette graphique intelligente et format XXL. Double écran. Carte mère avec système de refroidissement liquide et disque dur avec sauvegarde automatique directement sur un disque externe. Webcam à reconnaissance faciale. Enceintes et micro nouvelle génération. Cet ordinateur à la mémoire d'un serveur et la puissance d'un calculateur de la Nasa !

Gaëtan : Peut-être pas, mais effectivement je connais ce modèle, toutes les revues sur Internet en disent le plus grand bien. Il est surtout utilisé par les gens qui font de la création digitale à ma connaissance. Tu dois pouvoir installer toutes sortes de programmes là-dessus, pas de restriction de mémoire vive.

Simone : Oui j'ai commencé. Pour le moment j'installe les antivirus, firewall, anti spam, anti troyens, anti malware et un système complet de sécurité anti piratage. Ensuite mes pilotes graphiques. Et enfin, mes jeux vidéo !

Gaëtan : Cela prendra tout une semaine.

Simone : Cela prendra le temps qu'il faudra. Mais après ça je serai prête pour faire des merveilles depuis mon bureau !

A NEW COMPUTER

Gaëtan: So? Where is this machine?

Simone: In my office! Come on, I'll show it to you! Shazam!

Gaëtan: Wow! Indeed, it is a great machine! A very nice computer! You must have paid a fortune for this.

Simone: I confess that I treated myself. I dreamed about it for a long time. I put all my savings in it, but it was worth it!

Gaëtan: I'm sure it can even make coffee!

Simone: Oh no, unfortunately. But look at that. A wireless ergonomic mouse, that goes well with the wireless keyboard! Smart graphic tablet in a XXL size. Double screen. Motherboard with cooling system and a hard drive that is automatically backed up onto an external drive. Webcam with facial recognition. Next generation speakers and microphone. This computer has the memory of a server and the power of a NASA calculator!

Gaëtan: Maybe not, but actually I know this model, all the reviews on the Internet say it's a marvel. It is mostly used by people who work in digital design, as far as I know. You should be able to install all kinds of programs on it, no RAM restriction.

Simone: Yes, I started the process. At the moment I am installing an anti-virus, a firewall, an anti-spam, an anti-trojan, an anti-malware and all anti-hacking security system. Then the drivers of my graphic card. And finally, my video games!

Gaëtan: This will take a whole week.

Simone: I will spend the time needed. But after that, I'll be ready to do wonders behind my desk!

16

À LA PLAGE

-

AT THE BEACH

Claire : Nous y sommes enfin ! La plage !

Michel : Oui ça valait les 6 heures de route. Je ne sais pas pour toi, mais moi je me sens prêt à affronter les vagues.

Claire : Avant de faire face aux vagues, nous allons devoir nous diriger vers le sable. Où veux-tu que nous nous installions ? Mes pieds me brûlent, ne traînons pas.

Michel : Il y a de la place là-bas dans ce coin tranquille avec un peu d'ombre. Allons-y.

Claire : J'espère que nos serviettes vont rester en place avec ce vent.

Michel : Utilisons nos chaussures pour les maintenir au sol.

Claire : Peux-tu planter le parasol s'il te plaît ? On cuit ici.

Michel : Pas de problème. Je mets la glacière en dessous. On ne boit jamais assez.

Claire : En parlant de boire, j'ai soif. Passe-moi une bouteille d'eau.

Michel : As-tu pris de la crème solaire ?

Claire : Oui j'en ai. Protection 50. Il faut bien ça pour se protéger des rayons du soleil. N'hésite pas à en mettre une bonne couche.

Michel : Génial. Tu es sublime en bikini ma chérie.

Claire : Merci mon chéri. Alors ? Lequel de nous deux sera le premier dans l'eau ?

Michel : Probablement toi. Je dois d'abord essayer de réparer mon masque de plongée.

Claire : Quand tu me rejoindras, prends le ballon gonflable et le matelas pneumatique.

Michel : Pas de problème, va profiter de l'eau. Elle est bonne ?

Claire : Oui elle est fraîche, mais c'est un bonheur !

AT THE BEACH

Claire: We have finally made it! The beach!

Michel: Yes, it was worth the 6-hour drive. I do not know about you, but I feel ready to jump into the waves.

Claire: Before facing the waves, we'll first need to go towards the sand. Where do you want to sit? My soles are burning, let's hurry up.

Michel: There is room there in this quiet corner with a little shade. Let's go.

Claire: I hope our towels will stay in place with this wind.

Michel: Let's use our shoes to keep them on the ground.

Claire: Can you plant the umbrella please? We're getting cooked here.

Michel: No problem. I'm putting the cooler underneath. You can never drink enough.

Claire: Speaking of drinking, I'm thirsty. Pass me a bottle of water.

Michel: Did you take sunscreen?

Claire: Yes, I did. SPF 50. It is necessary to protect yourself from the sun's rays. Do not hesitate to put a good layer.

Michel: Great. You are sublime in a bikini darling.

Claire: Thank you darling. So? Who out of the two of us will be first in the water?

Michel: Probably you. I first have to try to repair my diving mask.

Claire: When you join me, take the inflatable ball and the air mattress.

Michel: No problem, go enjoy the water. How is it?

Claire: Rather fresh: but it feels great!

17

PREMIÈRE LEÇON DE DANSE

-

FIRST DANCE LESSON

Carmen : Alors Roger, qu'est-ce qui vous amène à mon cours de danse ? Connaissez-vous déjà la salsa ?

Roger : Pas du tout. Je danse comme un balai ! Mais c'est bientôt le mariage de mon fils et sa belle-famille vient du Mexique. Donc je suppose qu'au programme il y aura le plein de salsa et je ne veux pas avoir l'air complètement ridicule.

Carmen : Qu'est-ce que vous savez danser ?

Roger : Les slows. Un peu la valse. Et je ne suis pas du tout athlétique, alors ne comptez pas sur moi pour faire des acrobaties.

Carmen : Ne vous inquiétez pas, la salsa c'est très facile et cela se danse à tous les âges et avec toutes les morphologies.

Roger : Si vous arrivez à faire de moi un danseur de salsa, vous méritez une médaille.

Carmen : Commençons par le commencement. Détendez-vous. Prenez de grandes expirations et écoutez le tempo de la musique. Bien. Maintenant, posez vos mains sur vos hanches et basculez-les en souplesse de droite à gauche.

Roger : Comme ça ?

Carmen : Oui très bien c'est exactement ça. Maintenant, commençons à faire de tout petits pas sur place. Comme moi, vous voyez ?

Roger : Jusqu'ici rien de compliqué. Alors ça y est ? Je danse la salsa ?

Carmen : Pour le moment, vous remuez vos hanches en souplesse. C'est un excellent début.

FIRST DANCE LESSON

Carmen: So Roger, what brings you to my dance lesson? Do you already know how to dance salsa?

Roger: Not at all. I'm quite a bad dancer! But my son's wedding is coming up and his family-in-law comes from Mexico. So I guess the schedule will imply quite a lot of salsa and I do not want to look completely ridiculous.

Carmen: What type of dancing styles are you already familiar with?

Roger: Slow dancing. A little waltz. And I'm not athletic at all, so do not count on me for acrobatics.

Carmen: Do not worry, salsa is very easy and you can dance it at all ages and with all body types.

Roger: If you can turn me into a salsa dancer, you deserve a medal.

Carmen: Let's start from the beginning. Relax. Take long deep breaths and listen to the tempo of the music. Good. Now, put your hands on your hips and rock them from right to left.

Roger: Like this?

Carmen: Yes, that's exactly it. Now, let's start making tiny steps. Like me, you see?

Roger: So far nothing complicated. So is that it? Am I dancing the salsa?

Carmen: For the moment, you're moving your hips. It's a great start.

18

JE NE PARLE PAS ANGLAIS

\-

I DON'T SPEAK ENGLISH

Jack : *Hi, may I ask you something please?*

Corinne : Ah désolée mais je ne parle pas anglais.

Jack : Oh ce n'est pas grave. Je peux parler français. Je voudrais savoir ou je peux acheter des timbres postaux.

Corinne : Vous en trouverez au bureau de tabac juste en face.

Jack : On trouve des timbres chez le marchand de cigarettes ? Curieux.

Corinne : Oui je sais c'est bizarre. D'où est-ce que vous venez ?

Jack : Je viens d'Australie. Je suis ici encore 6 mois pour mes études.

Corinne : Ah oui ! Mon frère vit à Perth ! Il faudrait vraiment que je me mette à l'anglais. Chaque fois que je lui rends visite, il doit faire la traduction pour moi. Je dois être la seule à ne pas parler anglais.

Jack : Ça s'apprend vite. Si vous voulez, je vous donne des cours. Pour payer mes études, j'enseigne l'anglais aux enfants, je peux vous apprendre.

Corinne : Ce ne serait pas une si mauvaise idée après tout !

Jack : Nous pourrions faire les cours le soir après mon école.

Corinne : Oui, pourquoi pas ! Je me sentirais moins bête !

Jack : Commençons par les bases de la conversation *May I offer you a coffee?*

I DON'T SPEAK ENGLISH

Jack: Hi, may I ask you something please?

Corinne: Oh sorry but I do not speak English.

Jack: Oh, it does not matter. I can speak French. I would like to know where I can buy stamps.

Corinne: You'll find some at the tobacco shop, across the street.

Jack: They sell stamps at the cigarette shop? Odd.

Corinne: Yes I know it's weird. Where do you come from?

Jack: I'm from Australia. I am here for six more months, for my studies.

Corinne: Oh yes! My brother lives in Perth! I really need to start speaking English. Whenever I visit him, he has to do the translation for me. I must be the only one who does not speak English.

Jack: It can be learned quickly. If you want, I will teach you. I teach English to children, to pay for my degree, I can teach you.

Corinne: It would not be such a bad idea after all!

Jack: We could have lessons in the evening after school.

Corinne: Yes, why not! I would feel less stupid!

Jack: Let's start with the basics of conversation. May I offer you a coffee?

19

HOTEL DE LUXE

-

LUXURY HOTEL

Jacob : Alors là, wow !

Lou : Et bien mon chéri, tu ne m'as pas dit que tu m'emmenais en week-end pour notre seconde lune de miel.

Jacob : Je savais que c'était un bel hôtel, mon collègue me l'avait conseillé, mais je ne savais pas que c'était à ce point !

Lou : Tu as dû payer une fortune pour cette chambre !

Jacob : Même pas ! J'ai eu le droit à un tarif spécial par le biais de mon entreprise !

Lou : Tu as vu ça : bouteille de champagne sur la terrasse, des chocolats sur les oreillers ! Rien que cela, ça justifie les quatre étoiles.

Jacob : As-tu vu la salle de bain ? Il y a un jacuzzi !

Lou : Moi ce que j'ai vu, ce sont les pantoufles ! Nous n'avons pas la même définition du luxe.

Jacob : C'est du marbre tu crois, ce lavabo ?

Lou : Ça, je l'ignore, mais en tout cas c'est du vrai champagne.

Jacob : Tu aurais pu m'attendre !

Lou : Viens me rejoindre sur la terrasse, la vue est à couper le souffle,

Jacob : Je suis déjà allé dans de beaux hôtels, mais jamais aussi beaux que celui-ci.

Lou: Je crois que nous n'allons pas sortir de la chambre de tout le week-end: jacuzzi, home cinéma, service en chambre, il y a même un spa et un bar sur le toit!

Jacob: Tu vois que c'était une bonne idée ces petites vacances improvisées.

LUXURY HOTEL

Jacob: So here we are, wow!

Lou: Well darling, you did not tell me you were taking me on a second honeymoon this weekend.

Jacob: I knew it was a nice hotel, my colleague recommended it to me, but I did not know it was that luxurious!

Lou: You must have paid a fortune for this room!

Jacob: Not even! I had a special rate with my company!

Lou: Have you seen this: bottle of champagne on the balcony, chocolates on the pillows! This alone justifies the four stars.

Jacob: Have you seen the bathroom? There is a jacuzzi!

Lou: What I saw are the slippers. We do not have the same definition of luxury.

Jacob: Is the sink made of marble? What do you think?

Lou: That, I do not know, but in any case it's real champagne.

Jacob: You could have waited for me!

Lou: Come join me on the terrace, the view is breathtaking,

Jacob: I've been to some beautiful hotels, but never as beautiful as this one.

Lou: I think we will not get out of the room all weekend: jacuzzi, home cinema, room service, there also is a spa and a rooftop bar!

Jacob: See, it was a good idea, these little improvised vacations.

20

CONTRÔLE DES NUISIBLES

-

PEST CONTROL

Madeleine : Au secours !

Eric : Qu'est-ce qu'il se passe ?

Madeleine : Elle est énorme ! Un véritable monstre !

Eric : Quoi ? Qui ? Où ça ? Et que fais-tu debout sur la chaise ?

Madeleine : Là ! Sous le buffet ! Une gigantesque souris !

Eric : Les petites bêtes ne mangent pas les grosses tu sais Madeleine.

Madeleine : Je m'en fiche. Chasse-là.

Eric : Il faut que je me penche et que j'aille voir sous le buffet...

Madeleine : Tu la trouves ? Fais attention qu'elle ne te saute pas au visage.

Eric : C'est certain, sinon elle me dévorerait.

Madeleine : Ne plaisante pas avec ça. Ces souris sont pleines de maladies.

Eric : En effet. Elle est énorme. Hideuse. Terrifiante.

Madeleine : La souris ? Tu l'as trouvée ?

Eric : Non. En revanche il y a une belle grosse araignée.

Madeleine : Quelle horreur.

Eric : Elle est plus grosse que les cafards de la buanderie, mais moins grosse que les chauves-souris du grenier.

Madeleine : Tu vas me rendre folle. C'est décidé. On déménage.

Eric : Et abandonner tous nos animaux domestiques ? C'est hors de question.

PEST CONTROL

Madeleine: Help!

Eric: What's going on?

Madeleine: It's huge! A genuine monster!

Eric: What? Who? Where? And what are you doing standing on the chair?

Madeleine: There! Under the buffet! A gigantic mouse!

Eric: Small creatures do not eat the big ones you know Madeleine.

Madeleine: I do not care. Hunt it down.

Eric: I have to look and see under the buffet...

Madeleine: Do you find it? Be careful that it does not jump to your face.

Eric: Certainly, otherwise it would devour me.

Madeleine: Do not mess with that. These mice are full of diseases.

Eric: Indeed. That is a huge one. Hideous. Terrifying.

Madeleine: The mouse? You found it?

Eric: No, no. But on the other hand there is a crazy big spider.

Madeleine: Horrible.

Eric: It's bigger than the cockroaches in the laundry room, but not as big as the bats in the attic.

Madeleine: You're going to drive me crazy. It's decided. We are moving.

Eric: And give up all our pets? No way.

21

PREMIER JOUR DE TRAVAIL

-

FIRST DAY AT WORK

Gontrand : Bonjour, bienvenue. Je suis votre nouveau chef d'équipe. Venez, je vais vous montrer votre bureau.

Marjolaine : Bonjour. Merci je vous suis.

Gontrand : Voilà, c'est ici que vous travaillerez. J'ai fait installer votre téléphone et votre ordinateur. Est-ce que vous connaissez tous les logiciels que nous utilisons ?

Marjolaine : Oui je les connais, pas de soucis.

Gontrand : Les horaires sont de 8h à midi et de 14h à 18h. Voilà le dossier des Ressources Humaines avec votre contrat, vos conditions de travail et toutes les questions relatives à l'organisation du travail, les vacances, les pauses, etc. Merci de me rendre la déclaration de confidentialité signée quand vous l'aurez lue. Voici votre badge d'entrée et de sortie, qui sert aussi de pointeur.

Marjolaine : Cela fait beaucoup d'informations à intégrer.

Gontrand : Je sais, mais ne vous inquiétez pas vous aurez largement le temps d'en prendre connaissance et de vous y faire. Ce matin nous vous laissons un peu de temps pour lire les documents et organiser votre poste de travail. À midi je vous emmène déjeuner. En début d'après-midi nous aurons une courte réunion pour vous présenter vos collègues. Et ensuite nous commencerons votre formation.

Marjolaine : Je suis très impatiente de m'y mettre.

Gontrand : C'est normal. Au bout du couloir vous trouverez le secrétariat. Demandez-leur de vous fournir des stylos, carnets de notes et tout ce dont vous pourriez avoir besoin.

Marjolaine : Je n'y manquerai pas.

Gontrand : Mon bureau est juste en face du vôtre et je laisse toujours ma porte ouverte. Donc si vous avez la moindre question je suis disponible pour vous. N'hésitez surtout pas à venir me voir.

Marjolaine : Je crois que je vais commencer par étudier les documents et faire une liste de mes questions. Je viendrai vous voir quand elle sera déjà bien fournie pour ne pas vous déranger trop souvent.

Gontrand : Aucun problème. Il y a une fontaine à eau et une machine à café à l'accueil et les toilettes sont à côté du secrétariat.

Marjolaine : C'est bon à savoir !

Gontrand : Alors je vous dis à dans deux heures pour déjeuner ensemble.

Marjolaine : Oui à tout à l'heure, merci beaucoup pour votre accueil.

FIRST DAY AT WORK

Gontrand: Hello and welcome. I am your new team manager. Come, I'll show you your office.

Marjolaine: Hello. Thank you, let's go.

Gontrand: Well, here's where you'll work. I had your phone and computer set up. Are you familiar with all the softwares we use?

Marjolaine: Yes, I do, no problem here.

Gontrand: The working hours are from 8 am to noon and from 2 pm to 6 pm. This is the Human Resources folder, with your contract, working conditions and all the questions related to the organization of work, vacations, breaks, etc. Please remember to return the signed privacy agreement when you have read it. Here is your entry and exit badge, which also serves as a time clock.

Marjolaine: That's a lot of information to process.

Gontrand: I know, but do not worry, you'll have plenty of time to read everything and get used to it. This morning we're giving you some time to read the documents and organize your workdesk. At noon I will take you to lunch. In the early afternoon we will have a short meeting to introduce yourself to your colleagues. And then we will begin your training.

Marjolaine: I cannot wait to get started.

Gontrand: That's normal. At the end of the corridor you will find the administration's office. Ask them to provide you with pens, notebooks and anything else you may need.

Marjolaine: I will for sure.

Gontrand: My office is right in front of yours and I always leave my door open. So if you have any questions, I am available for you. Do not hesitate to come and see me.

Marjolaine: I think I'll start by studying the documents and writing down my list of questions. I will come to see you when it is full so I won't have to disturb you too often.

Gontrand: No problem. There is a water fountain and a coffee machine at the reception and the toilets are next to the administration's office.

Marjolaine: It's good to know!

Gontrand: Well, I'll see you in two hours and eat lunch together.

Marjolaine: Yes, see you later, thank you very much for welcoming me.

22

COURS DE MATHS

-

MATHEMATICS CLASSES

Lionel : Je hais les maths.

Maria : Moi aussi. Mais il n'empêche que la note compte pour beaucoup à la fin de l'année.

Lionel : C'est nul. En plus ça ne sert à rien.

Maria : Tu es de mauvaise foi. C'est quand même utile de savoir compter.

Lionel : Oh, je t'en prie. On sait compter depuis le CE1. Tout ce qui est venu ensuite n'a servi à rien.

Maria : La géométrie c'est utile si tu veux devenir architecte. Les statistiques si tu veux faire de l'économie. Les formules si tu veux devenir ingénieur.

Lionel : Mais je veux devenir agriculteur comme mon père !

Maria : Ton père il fait bien sa comptabilité. Il calcule combien il lui faut de nourriture pour ses bêtes. Et de semences pour ses champs. Il prévoit les distances pour ses machines lorsqu'il moissonne. À mon avis ton père il est super fort en maths.

Lionel : Oui et bien ça c'était peut-être avant, mais maintenant ce sont les ordinateurs qui calculent tout, il ne fait qu'appuyer sur des boutons.

Maria : Bon écoute tu es vraiment borné. Que tu aimes les maths ou pas, il faut que tu aies une bonne note à ton examen. Et je te ferai remarquer que tu passes tout ton temps pendant les cours à me dire à quel point tu détestes les maths. Donc tu n'écoutes rien en classe. Et moi non plus. Nous allons finir par avoir une note catastrophique et au lieu de travailler comme ingénieur, architecte ou agriculteur, on va finir sans diplôme et sans emploi. Alors, maintenant tais-toi et écoute.

Lionel : Tu vois ? En plus du reste, les maths, ça rend les gens agressifs...

MATHEMATICS CLASS

Lionel: I hate maths.

Maria: Me too. But still, the grade counts for a lot at the end of the year.

Lionel: It sucks. Moreover, it is useless.

Maria: You're being dishonest. It's still useful to know how to count.

Lionel: Oh, please. We've known how to count since elementary school. Everything we learned after that is useless.

Maria: Geometry is useful if you want to become an architect. Statistics if you want to be an economist. Formulas, if you want to become an engineer.

Lionel: But I want to become a farmer, like my father!

Maria: Your father does his accounting. He calculates how much food he needs for his animals. And seeds for his fields. He considers the distances for his machines when he harvests. In my opinion, your father is very good at maths.

Lionel: Maybe it was the case before, but now the computers are doing all the calculations, the only thing my father does is push buttons.

Maria: Ok, you really are stubborn. Whether you like maths or not, you need a good grade on your exam. And I'll point out that you spend all your time in class telling me how much you hate maths. Therefore, you do not listen in class. And me neither. We are going to end up with a catastrophic grade and you won't be able to get a job as an engineer, an architect or even a farmer, because we are going to end up without any diploma and without a job. So, now shut up and listen.

Lionel: You see? In addition to the rest, math makes people aggressive...

23

JOYEUX ANNIVERSAIRE

-

HAPPY BIRTHDAY

Sidonie : Je me sens tellement vieille.

Victor : C'est ridicule. Tu fêtes tes 21 ans ! Explique-moi comment on peut se sentir vieux à 21 ans.

Sidonie : Ma mère était mariée et enceinte à 21 ans. Mon père avait déjà changé trois fois d'emploi. Moi je viens à peine de commencer l'université.

Victor : Justement. Tu es au tout début de ta vie.

Sidonie : J'ai déjà passé 16 ans à l'école ! Tu te rends compte ? Et par rapport à mes parents, j'ai beaucoup de retard dans la vie.

Victor : Tu ne peux pas comparer deux générations aussi différentes. De nos jours, à 21 ans on n'est même pas encore adulte.

Sidonie : Je vote depuis 3 ans. J'ai calculé l'autre jour que j'avais déjà vu passer 4 présidents de la République.

Victor : Et alors ? La reine d'Angleterre doit en être à son 300e.

Sidonie : Elle est jeune peut-être la reine d'Angleterre ?

Victor : Elle est intemporelle.

Sidonie : Si j'étais née dans un pays en voie de développement, j'aurais déjà 3 ou 4 enfants.

Victor : Sois heureuse que ce ne soit pas encore le cas. Tu as tout le temps d'en avoir.

Sidonie : N'empêche que je me sens vieille. Les années passent au ralenti.

Victor : Tu es en train d'étudier pour construire une carrière et avoir un métier, ensuite tu rencontreras ton futur mari, tu auras des enfants, et tu auras tout le temps de vieillir tranquillement.

Sidonie : J'ai déjà des rides. Sans rire, ce matin j'ai remarqué des pattes d'oie que je n'avais pas hier.

Victor :   Attends... Est-ce que c'est un cheveu blanc que je vois là ?

Sidonie :   Hein ? Ou ça ?

Victor :   Ah Ah ! Sacrée vieille branche ! Allez, encore un joyeux anniversaire, ma vieille Sidonie !

HAPPY BIRTHDAY

Sidonie: I feel so old.

Victor: That's ridiculous. You are celebrating your 21st birthday! Explain to me how you can feel old when you are only 21 years old.

Sidonie: My mother was married and pregnant at 21. My father had already changed jobs three times. I have just started university.

Victor: Exactly. You are at the beginning of your life.

Sidonie: I already spent 16 years in school! Do you realize that? And compared to my parents, I have a lot of catching up to do.

Victor: You cannot compare two different generations. Nowadays, at 21, you are not even an adult yet.

Sidonie: I had the right to vote three years ago. I calculated the other day that I had already seen four presidents.

Victor: So what? The Queen of England must be at her 300th.

Sidonie: Oh and would you tell me that the Queen of England is that young?

Victor: She's timeless.

Sidonie: If I was born in a developing country, I would have had three or four children already.

Victor: Be happy that this is not the case. You have plenty of time to have some.

Sidonie: Still, I feel old. The years go by, slowly.

Victor: You are studying to build a career and have a job, then you will meet your future husband, you will have children, and you will have plenty of time to grow old quietly.

Sidonie: I already have wrinkles. Seriously, this morning I noticed crow's feet wrinkles that I did not have yesterday.

Victor: Wait... Is it a white hair that I see there?

Sidonie: Huh? Where?

Victor: Ah! Old lady! Come on, happy birthday, my old friend Sidonie!

24

AU PARC DE JEUX

-

AT THE PLAYGROUND

Séverine : Alors, mon grand, que veux-tu faire aujourd'hui?

Hugo : Je veux aller au parc jouer avec les autres enfants.

Séverine : Très bien alors, allons-y. Je prends le goûter.

Hugo : Est-ce que je peux monter sur le toboggan maman?

Séverine : Oui, vas-y. Je vais m'asseoir et lire sur le banc. Fais attention avec les autres enfants. Attends ton tour.

Hugo : Le garçon avec le pull bleu pousse tout le monde.

Séverine : Dis-lui d'arrêter et s'il continue j'irai voir sa maman.

Hugo : Les filles sont trop lentes, elles ralentissent tout le monde. En fait le toboggan ce n'est pas si drôle que ça. Je vais aller faire du tourniquet.

Séverine : Très bien.

Hugo : Beurk. J'arrête le tourniquet j'ai mal au cœur.

Séverine : Tu veux boire un peu d'eau?

Hugo : Oui je veux bien.

Séverine : Pourquoi n'irais-tu pas jouer sur le mur en corde? Il y a des moniteurs en bas pour votre sécurité, c'est sans risque.

Hugo : Bonne idée.

Séverine : Après si tu veux tu pourras manger ton goûter.

Hugo : Je suis épuisé. C'est vraiment du sport que de jouer dans ce parc! J'ai faim!

Séverine : Tiens voilà des biscuits et un jus de fruits. Tu te sens mieux?

Hugo : Ça fait du bien! Je retrouve mes forces!

Séverine : Et bien tant mieux parce que nous allons rentrer faire tes devoirs, il est déjà 16h.

Hugo : Oh non, je suis trop fatigué pour ça ! Je crois plutôt que je vais faire une sieste.

Séverine : Une petite alors. Et après, devoirs.

Hugo : D'accord. Je suppose que je n'y échapperai pas de toute façon.

Séverine : Exactement. Tu as tout compris !

AT THE PLAYGROUND

Séverine: So, my boy, what do you want to do today?

Hugo: I want to go to the park to play with the other children.

Séverine: All right then, let's go. I'll bring a snack.

Hugo: Can I get on the slide, mom?

Séverine: Yes, go ahead. I will sit and read on the bench. Be careful with other children. Wait for your turn.

Hugo: The boy with the blue sweater is pushing everyone.

Séverine: Tell him to stop and if he continues I'll go see his mom.

Hugo: Girls are too slow, everyone else has to wait. In fact, the slide is not that amusing. I'm going to the swings.

Séverine: Alright.

Hugo: Yuck. I stopped the swings I feel a bit sick.

Séverine: Do you want to drink some water?

Hugo: Yes, I would like that.

Séverine: Why don't you go play on the climbing wall? I can see instructors there, taking care of children's safety, there is no risk.

Hugo: Good idea.

Séverine: After, if you want, you can eat your snack.

Hugo: I'm exhausted. It's quite the exercise, playing in this park! I'm hungry!

Séverine: Here are cookies and a fruit juice. Feel better?

Hugo: It feels good! I am getting my strength back!

Séverine: Well, all the better because we are going home to do your homework, it is already 4 pm.

Hugo: Oh no, I'm too tired for that! I think I'm going to take a nap instead.

Séverine: A little one then. And after, homework.

Hugo: Okay. I guess I will not manage to escape it anyway.

Séverine: Exactly. You totally got it!

25

LANGAGE DES SIGNES

-

SIGN LANGUAGE

Marc : Que font ces deux hommes ? Ils gesticulent beaucoup. Ils sont peut-être Italiens !

Sandra : Mais que tu es bête ! Ils parlent le langage des signes.

Marc : Le quoi ?

Sandra : Le langage des signes. C'est une forme de langage avec les mains, à base de gestes, pour que les personnes malentendantes puissent communiquer entre elles.

Marc : Je croyais que les malentendants savaient lire sur les lèvres.

Sandra : Pas tous. Le langage des signes est plus rapide et plus simple pour eux. Il y a aussi beaucoup de personnes en bonne santé qui le parlent.

Marc : Ce doit être intéressant. En plus ils peuvent parler avec d'autres personnes du monde entier et se comprendre sans difficulté.

Sandra : Je crois que non malheureusement. Il existe plusieurs formes du langage des signes. Tous ne parlent pas le même.

Marc : C'est fou ! Pourquoi ne pas avoir inventé un langage de signes universels qui permettrait à tout le monde de se comprendre, à défaut d'y arriver avec les mots. Entendant ou pas, tout le monde l'apprendrait à l'école, et fini les problèmes de traduction !

Sandra : C'est vrai que ça pourrait être une bonne solution.

Marc : Tu sais dire des choses en langage des signes toi ?

Sandra : Je sais dire merci. Tu mets tes doigts sur ton menton et tu avances ta main comme si tu envoyais un baiser.

Marc : C'est drôle. Ce signe est vraiment logique en fait. Le geste, visuellement, se comprend.

Sandra : Oui ça marche pour certains. Mais d'autres sont beaucoup plus compliqués.

Marc : N'empêche. Je persiste. Les Italiens doivent avoir beaucoup plus de facilités pour maîtriser ce langage.

SIGN LANGUAGE

Marc: What are these two men doing? They're moving a lot. They must be Italians!

Sandra: You are so dumb! They speaking in sign language.

Marc: In what?

Sandra: In sign language. It is a form of gesture-based language that hearing-impaired people use to communicate with one another.

Marc: I thought the hearing-impaired could read lips.

Sandra: Not all of them. Sign language is faster and easier for them. There are also many healthy people who can use it.

Marc: It must be interesting. Moreover, they can talk with other people around the world and understand each other without difficulty.

Sandra: I do not think so, unfortunately. There are several forms of sign language. All those who speak it do not speak the same form.

Marc: It's crazy! Why not have invented a universal sign language which would allow everyone to understand each other, contrary to spoken languages. Hearing or not, everyone could learn it at school, and put an end to translation problems!

Sandra: It's true, this could be a good solution.

Marc: You know how to use sign language?

Sandra: I know how to say thank you. You put your fingers on your chin and you move your hand as if you were blowing a kiss.

Marc: It's funny. This sign is really logical actually. The gesture, visually, is understandable.

Sandra: Yes, it works for some. But others are much more complicated.

Marc: Still. I insist. Italians must be quite comfortable with this language.

26

AU CINÉMA

-

AT THE MOVIE THEATRE

Camille : Bon alors, on va voir quoi ?

Quentin : Du coca et des M & M's.

Camille : Non, je n'ai pas dit on mange quoi, j'ai demandé ce que l'on allait voir.

Quentin : Comme tu veux. Choisis.

Camille : C'est pratique ! Bon et bien le film avec les dinosaures alors.

Quentin : Ça me va. Et on doit acheter du coca et des M & M's.

Camille : Oui ça j'avais bien compris merci.

Quentin : Viens on s'assied sur le côté, ce sera plus facile.

Camille : Facile pour quoi ?

Quentin : Si j'ai un petit creux ! Le film dure 2 heures. Si j'ai un petit creux, je pourrai aller à la boutique et revenir sans gêner les gens.

Camille : Un petit creux ? Mais tu ne penses qu'à manger ?

Quentin : Faux. J'aime bien voir des films aussi.

Camille : J'espère, parce qu'à 10 euros la place ce serait dommage de le rater. Ça fait plusieurs paquets de M & M's.

Quentin : As-tu soif ?

Camille : Non merci, ma bouteille n'est pas terminée.

Quentin : Alors je vais me chercher à boire, je reviens.

Camille : OK.

Quentin : Maintenant j'ai envie de faire pipi.

Camille : Forcément...

Quentin : J'ai été long. Je suis passé rechercher du popcorn.

Camille : Tu vas être malade !

Quentin : Mais non. J'ai loupé un passage intéressant ?

Camille : Rien que les trois quarts du film…

AT THE MOVIE THEATRE

Camille: So, what are we going to see?

Quentin: Coke and M&M's.

Camille: No, I did not ask what we would eat, I asked what we were going to watch.

Quentin: As you wish. You choose.

Camille: It's convenient! Well, the movie with the dinosaurs then.

Quentin: That's fine with me. And we need to buy Coke and M&M's.

Camille: Yes, that I understood well, thank you.

Quentin: Come, let's sit on the side, it will be easier.

Camille: Easier for what?

Quentin: If I get a bit peckish! The movie is 2 hours long. If I'm hungry, I can go to the shop and come back without disturbing anybody.

Camille: A bit peckish? Do you only think about eating?

Quentin: Wrong. I enjoy movies as well.

Camille: I hope so, because for a price of 10 euros per ticket, it would be a shame. It represents several bags of M&M's.

Quentin: Are you thirsty?

Camille: No thanks, my bottle is not finished yet.

Quentin: So I'm going to get another drink, I'm coming back.

Camille: OK.

Quentin: Now I want to pee.

Camille: Of course...

Quentin: I took a long time. I went for some popcorn.

Camille: You'll get sick!

Quentin: No worries. Did I miss any interesting moments?

Camille: Only three quarters of the movie...

27

MENU VÉGÉTARIEN

-

VEGETARIAN MENU

Christophe : Il est chouette ce restaurant.

Armelle : Oui le cadre est très joli.

Christophe : Je vais me régaler avec un plateau de fruits de mer. Et toi ?

Armelle : Je ne sais pas encore... Il n'y a pas beaucoup de choix.

Christophe : Tu es sérieuse ? Il y a 10 menus différents.

Armelle : Oui, mais il n'y a que des plats avec du poisson ou de la viande.

Christophe : Tu voulais un menu ne contenant que des desserts ?

Armelle : Non, ce n'est pas ça. Je suis végétarienne.

Christophe : Oh ! Désolé je ne savais pas !

Armelle : Ce n'est pas grave.

Christophe : Tu aurais dû me le dire. J'aurais choisi un autre restaurant. Celui-ci est spécialisé en fruits de mer !

Armelle : En général il y a toujours de la soupe ou des salades.

Christophe : Demandons au serveur...

Armelle : Bonjour. Est-ce que vous auriez des salades ou des soupes ?

Le serveur : Nous avons une excellente salade de crabe, mais aussi une salade de poulpe aux algues. La soupe du jour est la bouillabaisse de poissons.

Armelle : Ah. Je suis désolée, mais je ne mange pas de poisson. Avez-vous autre chose ?

Le serveur : Il y a une salade César au poulet sinon.

Armelle : Et bien... Pas non plus de viande.

Le serveur : Qu'est-ce que vous mangez alors ?

Armelle : Des légumes, des pâtes, des céréales, du fromage...

Le serveur : Une minute je vais demander au Chef.

Christophe : Si tu veux, on change de restaurant.

Armelle : Attendons de voir ce que dit le Chef.

Le serveur : Le Chef vous propose un plat de pâtes avec une sauce aux courgettes et légumes du soleil.

Armelle : C'est parfait ! Merci beaucoup.

Christophe : Ça a l'air délicieux. Mettez-nous en deux, je vous prie.

VEGETARIAN MENU

Christophe: It's a nice restaurant.

Armelle: Yes, the location is very pretty.

Christophe: I'm going to treat myself with a plate of seafood. And you?

Armelle: I do not know yet... There aren't many choices.

Christophe: Are you serious? There are 10 different menus.

Armelle: Yes, but there are only meals with fish or meat.

Christophe: Did you want a menu only with desserts?

Armelle: No, that's not the issue. I am a vegetarian.

Christophe: Oh! Sorry I did not know!

Armelle: It's ok.

Christophe: You should have told me. I would have chosen another restaurant. This one specializes in seafood!

Armelle: In general, there are always soups or salads.

Christophe: Let's ask the waiter what he can do...

Armelle: Hello. Would you have any salads or soups?

The waiter: We have an excellent crab salad; we also have an octopus' salad with seaweed. The soup of the day is the fish bouillabaisse.

Armelle: Ah. I'm sorry, but I do not eat fish. Do you have something else?

The waiter: We have a chicken Caesar salad otherwise.

Armelle: Well... No meat either.

The waiter: What are you eating then?

Armelle: Vegetables, pasta, cereals, cheese...

The waiter: One minute I'll ask the Chef.

Christophe: If you want, we can go to another restaurant.

Armelle: Let's wait and see what the Chef has to say.

The waiter: The Chef suggests a pasta dish with zucchini sauce and Mediterranean vegetables.

Armelle: It's perfect! Thank you very much.

Christophe: It sounds delicious. We'll have two of those, please.

28

ACHETER UN BILLET DE TRAIN
-
BUYING A TRAIN TICKET

Ludovic : Bonjour je voudrais des billets pour Paris.

Annie : Oui quand souhaitez-vous partir ?

Ludovic : Demain. Le matin si possible.

Annie : Est-ce que vous avez un abonnement ou une carte de fidélité ?

Ludovic : Non.

Annie : Combien de voyageurs ?

Ludovic : Ma femme et moi, et notre enfant de 3 ans.

Annie : C'est gratuit pour le petit.

Ludovic : Génial.

Annie : Alors j'ai un départ à 6h, train direct, arrivée à Paris à 7h ; un départ à 8h15, toujours direct, arrivée à Paris à 9h30 et un départ à 9h30, une correspondance à Compiègne, arrivée à 11 heures.

Ludovic : Sans correspondance c'est mieux. 6 heures c'est un peu tôt, mais celui de 8h15 sera parfait même s'il est un peu plus long.

Annie : Oui c'est un TER, pas un TGV. Arrivée Gare du Nord.

Ludovic : Quels sont les tarifs ?

Annie : Vous ou votre femme avez droit à un tarif réduit ?

Ludovic : Ma femme est militaire, mais moi non.

Annie : D'accord. Il vous faut un aller simple ou un aller-retour ?

Ludovic : Aller simple. C'est mon beau-père qui nous ramènera.

Annie : Souhaitez-vous réserver des sièges en particulier ?

Ludovic : Oui un carré vers la fenêtre s'il vous plaît.

Annie : Donc ça vous fera un total de 64 euros s'il vous plaît.

Ludovic : OK je paie par carte.

Annie : Veuillez insérer votre carte et composer votre code, monsieur.

BUYING A TRAIN TICKET

Ludovic: Hello I would like to purchase some tickets to Paris.

Annie: Sure, when do you want to leave?

Ludovic: Tomorrow. In the morning if possible.

Annie: Do you have a subscription or a loyalty card?

Ludovic: Not at all.

Annie: How many travelers?

Ludovic: My wife and I, and a 3-year-old child.

Annie: It's free for the child.

Ludovic: Great.

Annie: So I have a departure at 6 am, direct train, arrival in Paris at 7 am; a departure at 8:15 am, non-stop as well, arrival in Paris at 9:30 am and a departure at 9:30 am, a connection in Compiègne, arrival at 11 am.

Ludovic: Without connection, I prefer. 6 am is a little early though, 8:15 will be perfect even if it is a little longer.

Annie: Yes, it's a TER, not a TGV. Arrival at Gare du Nord.

Ludovic: What are the prices?

Annie: Are you or your wife entitled to a special rate?

Ludovic: My wife is in the army, but I am not.

Annie: OK. Do you need single or round-trip tickets?

Ludovic: One way. My stepfather will drive us back home.

Annie: Do you want to book some seats?

Ludovic: Yes, a window seat please.

Annie: So that will be 64 euros please.

Ludovic: OK I'll pay with a credit card.

Annie: Please insert your card and type your PIN, sir.

29

OUVERTURE D'UN COMPTE EN BANQUE

-

OPENING A BANK ACCOUNT

Mario : Bonjour Madame. Que puis-je faire pour vous ?

Marie-Ève : Bonjour, je souhaiterais ouvrir un compte dans votre établissement s'il vous plaît.

Mario : Aucun problème. Veuillez me suivre dans un bureau. Avez-vous sur vous les pièces nécessaires ?

Marie-Ève : Que vous faut-il ?

Mario : Quel type de compte voulez-vous ? Compte de dépôt, ou livret A ?

Marie-Ève : Un compte courant, ce sera mon compte principal. Je recevrai ma paye sur celui-ci. Et il me faut aussi une carte de paiement.

Mario : D'accord. Est-ce que vous avez déjà un compte bancaire ailleurs ? Nous pouvons nous occuper du transfert si vous voulez.

Marie-Ève : Oui justement je vous ai apporté un RIB.

Mario : Dans ce cas, j'aurai besoin d'une pièce d'identité, d'un justificatif de domicile, votre RIB actuel, d'une copie de votre contrat de travail ou vos trois derniers bulletins de salaire, et je vais avoir plusieurs documents à vous faire signer. Quel genre de carte de paiement voulez-vous ?

Marie-Ève : Une carte MasterCard, à débit immédiat. Je ne suis pas intéressée par les options de découvert autorisé.

Mario : Nous avons des cartes bronze, argent et or, voici les fascicules avec les différents avantages.

Marie-Ève : Je vais prendre la carte or, avec les assurances. Quel est le prix annuel ?

Mario : 160 € par an, et les frais bancaires sont listés dans le fascicule, suivant le type d'opérations.

Marie-Ève : Parfait. Et c'est une chance, j'ai sur moi tous les documents dont vous avez besoin.

Mario : Excellent. Alors commençons à remplir les formulaires si vous le voulez bien.

OPENING A BANK ACCOUNT

Mario: Hello Madam. How can I help you?

Marie-Ève: Hello, I would like to open an account in your establishment please.

Mario: No problem. Please follow me in my office. Do you have the necessary documents?

Marie-Ève: What do you need?

Mario: What type of account would you like? Checking account or savings account?

Marie-Ève: A checking account, this will be my main bank account. I will get my paycheck on it. And I also need a credit card.

Mario: Okay. Do you already have a bank account elsewhere? We can take care of the transfer if you want.

Marie-Ève: Yes, precisely I brought my banking information.

Mario: In this case, I will need an ID, a proof of residency, your current banking information, a copy of your employment contract or your last three payslips, and I will have you sign several documents. What kind of payment card do you want?

Marie-Ève: A MasterCard, with immediate debit. I am not interested in authorized overdraft options.

Mario: We have bronze, silver and gold cards, here are the fascicles with the different advantages.

Marie-Ève: I'll take the gold card, with insurance. What is the annual fee?

Mario: €160 per year, and the different banking operations fees are listed in the fascicle.

Marie-Ève: Perfect. And we are lucky, I have all the documents you need.

Mario: Excellent. So let's start filling out the forms if you don't mind.

30

WIFI GRATUIT

-

FREE WIFI

Étienne : Je n'ai bientôt plus de forfait sur mon téléphone. Ces forfaits de données fondent comme neige au soleil.

Rachel : Tu es en 4G ?

Étienne : Oui, sauf dans les zones désertiques. Mais la plupart du temps je coupe les données pour passer le plus possible sur le Wifi.

Rachel : C'est dangereux, on pourrait te voler tes informations personnelles.

Étienne : Oui, mais c'est gratuit. Enfin... quand ça veut bien marcher !

Rachel : Franchement, le Wifi gratuit partout on en est encore loin. Même dans de grandes villes comme Londres, Bruxelles ou Paris.

Étienne : J'ai téléchargé une appli qui t'indique tous les hotspots de Wifi gratuits lorsque tu es quelque part.

Rachel : Dans le pire des cas, tu peux toujours te réfugier dans des endroits publics, ou des terrasses de café avec Wifi.

Étienne : Malheureusement de plus en plus souvent ce Wifi-là n'est pas gratuit ! J'ai découvert cela à l'aéroport de Lausanne. Tu as 30 minutes gratuites, et ensuite tu dois payer et c'est très cher.

Rachel : Ce sera toujours moins cher que le forfait « données internationales ».

Étienne : Certes. Mais quand même. Internet devrait être gratuit partout et sans condition. Avec toutes les pubs qu'on voit, on finit par payer deux fois !

Rachel : Oui, mais je persiste, c'est dangereux.

Étienne : C'est vrai. Mais tout le monde ne peut pas s'offrir son propre VPS. Je prends le plus d'options de sécurité possibles. Et je change mes mots de passe régulièrement.

Rachel : C'est déjà un bon début. Peu de gens le font.

Étienne : Bref tout ceci ne nous dit pas à quelle heure ferme ce magasin ? C'est ce que je cherchais.

Rachel : Je vais aller demander à la vendeuse. Ce sera plus rapide, moins cher, et aucun risque de vol de données !

FREE WIFI

Étienne: I am running out of data on my phone. These data plans are melting like snow in the sun.

Rachel: Do you have 4G?

Étienne: Yes, except in the desert areas. But most of the time I turn off the data option and use Wi-Fi as much as possible.

Rachel: It's dangerous, someone could steal your personal informations.

Étienne: Yes, but it's free. Well ... when it works!

Rachel: Frankly, free Wi-Fi everywhere is still wishful thinking. Even in large cities like London, Brussels or Paris.

Étienne: I downloaded an app that tells you where the free Wi-Fi hotspots are, wherever you are.

Rachel: Worst case scenario, you can always go to public places, or in coffee shops with terraces and Wi-Fi.

Étienne: Unfortunately, using Wi-Fi is becoming less often free! I have discovered this inside the Lausanne airport. You get the first 30 minutes for free, and then you have to pay, and it's very expensive.

Rachel: It will always be cheaper than the international data plan.

Étienne: Certainly. But still. Internet should be free everywhere and without conditions. With all the ads that we see, we end up paying twice!

Rachel: Yes, but it bears repeating, it's dangerous.

Étienne: That's right. But not everyone can afford their own VPS. I take as many security options as I can. And I change my passwords regularly.

Rachel: It's a good start. Few people do.

Étienne: Anyway, this does not tell us at what time this store closes? That's what I was looking for.

Rachel: I'll go ask the shop assistant. It will be faster, cheaper, and with no risk of data theft!

31

RECETTE DE CUISINE

-

COOKING RECIPE

Amandine : J'ai encore du travail à terminer et je dois pendre la lessive. Tu veux bien t'occuper du dîner ?

Nicolas : Mais on avait dit qu'on mangerait des crêpes.

Amandine : Et bien justement. C'est très facile à faire. Tu n'as qu'à préparer et cuire la pâte et tout le monde mettra ce qu'il veut dedans.

Nicolas : Mais je n'ai jamais fait de pâte à crêpes moi ! D'habitude, c'est toi qui la fais !

Amandine : Justement, c'est l'occasion d'apprendre. Et vraiment, il n'y a rien de plus simple à préparer que de la pâte à crêpes.

Nicolas : Comment je dois m'y prendre ?

Amandine : Tu mélanges tout dans le robot, tu appuies sur le bouton, et tu laisses la pâte reposer 30 minutes avant de la cuire dans la poêle ! Facile !

Nicolas : Je mélange tout... Tu m'amuses... Je mélange quoi ?

Amandine : Quand-même ! Tu sors d'où ? Œufs, farine, lait, sel, beurre fondu.

Nicolas : Oui, mais combien de chaque ?

Amandine : Regarde sur Google ! Moi je mets au hasard.

Nicolas : Pff... C'est pratique !

Amandine : Tu es un grand garçon. Tu en es capable !

Nicolas : Google dit 250 grammes de farine, 4 œufs, 1 litre et demi de lait, 1 pincée de sel, 2 cuillères à soupe de sucre et 50 grammes de beurre fondu. Tu ne m'as pas parlé de sucre !

Amandine : Je n'en mets pas moi.

Nicolas : Alors j'en mets ou je n'en mets pas ? Je dois faire confiance à Google ou à ma femme ?

Amandine : Comme tu veux.

Nicolas : Très bien. Je vais demander à ma mère.

COOKING RECIPE

Amandine: I have some work to finish and I have to take care of the laundry. Can you handle the dinner?

Nicolas: But we said we would eat crepes.

Amandine: Well, indeed. It is very easy to make. You only have to prepare and cook the batter and everyone will garnish them with what they want.

Nicolas: But I've never made crepe batter before! Usually, you're the one doing it!

Amandine: Exactly, it's an opportunity to learn. And really, there is nothing simpler to prepare than crepe batter.

Nicolas: How should I do it?

Amandine: You mix everything in the robot, you press the button, and you set the batter aside for 30 minutes before cooking it in the pan! Easy!

Nicolas: I mix everything... You are funny... Mix what?

Amandine: Really! Where do you come from? Eggs, flour, milk, salt, melted butter.

Nicolas: Yes, but how much of each?

Amandine: Look it up on Google! I usually guess the quantities.

Nicolas: Tss... It's convenient!

Amandine: You are a big boy. You can do it!

Nicolas: Google says 250 grams of flour, 4 eggs, 1 liter and a half of milk, 1 pinch of salt, 2 tablespoons of sugar and 50 grams of melted butter. You did not mention any sugar!

Amandine: I do not use any.

Nicolas: So do I put some sugar or not? Shall I trust Google or my wife?

Amandine: As you wish.

Nicolas: Very good. I will ask my mother.

32

LE RÉGIME

-

THE DIET

Joseph :   Mon dieu tu as l'air fatiguée.

Malika :   Je fais un régime. Je me nourris exclusivement de concombres et de yaourts.

Joseph :   Pour quoi faire ! Tu es parfaite !

Malika :   Loin de là ! Et puis je dois détoxifier mon foie. Je bois beaucoup de jus de citron.

Joseph :   Mais qu'est-ce qui te prend ? Qui t'a mis ça en tête ?

Malika :   Je pars à la plage dans un mois et j'ai abusé de pâtisseries tout l'hiver. Je dois absolument nettoyer mon organisme.

Joseph :   Et bien mange moins de pâtisseries, mais se nourrir uniquement de concombres, yaourts et citron ça n'a pas l'air très sain.

Malika :   Sain ou pas, j'ai déjà perdu 6 kilos.

Joseph :   Pas étonnant que tu aies l'air si épuisée. Tu as vu ta tête ? Tu as des cernes sous les yeux.

Malika :   Je mettrai des lunettes de soleil.

Joseph :   À ce rythme tu n'y es pas encore à la plage ! Tu vas passer ton été à l'hôpital.

Malika :   Mais non. Mon objectif c'est moins 10 kilos. Plus que 4 !

Joseph :   Et ils sont ou ces 4 kilos ? Dans tes oreilles ? Tes orteils ?

Malika :   Tu n'y connais rien en régimes.

Joseph :   Et ça me convient très bien comme cela ! Personnellement je vais passer mes vacances au bord de la mer en Turquie et j'ai bien l'intention de me gaver de pâtisseries orientales au miel et à l'huile !

Malika :   Tu vas revenir obèse.

Joseph : Obèse peut-être, mais je penserai à te ramener des pâtisseries turques quand je viendrai te voir à l'hôpital.

THE DIET

Joseph: My god, you look exhausted.

Malika: I'm on a diet. I feed exclusively on cucumbers and yogurt.

Joseph: Why would you do that! You are perfect!

Malika: Far from it! And I have to detox my liver. I drink a lot of lemon juice.

Joseph: But what's wrong with you? Who put that idea in your head?

Malika: I'm going to the beach in one month and I've been eating pastries all winter. I absolutely need to clean my body.

Joseph: Then eat less pastries, but to eat only cucumbers, yogurt and lemon, it does not sound very healthy.

Malika: Healthy or not, I already lost 6 kilos.

Joseph: No wonder you look so exhausted. Did you see your head? You have dark spots under the eyes.

Malika: I'll wear sunglasses.

Joseph: At this rate you won't be on the beach anytime soon. You will spend your summer in the hospital.

Malika: No. My goal is to lose 10 kilos. 4 to go!

Joseph: And where are they hiding these 4 kilos? In your ears? Your toes?

Malika: You do not know anything about diets.

Joseph: And I'm perfectly fine as is! Personally I will spend my holidays on the shore in Turkey and I intend to eat many oriental pastries with honey and oil!

Malika: You'll come back as an obese.

Joseph: Obese maybe, but I'll think of bringing you some Turkish pastries when I come to visit you in the hospital.

33

JARDINAGE

-

GARDENING

Arthur : Bien ! Mai est arrivé, il est grand temps de s'attaquer à ce jardin !

Catherine : C'est clair. Mais par quoi commencer ? Il y a tant à faire...

Arthur : Et bien pour commencer je vais tondre la pelouse pendant que tu désherbes.

Catherine : Cela me paraît être un bon début. Ensuite, il faudrait retourner la terre du potager si nous voulons semer et replanter.

Arthur : Oui, nous allons pouvoir mettre à contribution notre nouvelle bêche.

Catherine : Je crois que je vais te laisser cette tâche. Moi je vais tailler les bordures et les haies. Et préparer les tuteurs.

Arthur : Comme tu voudras. Est-ce que tu veux planter des tomates cette année ? Nous n'avons pas fait de semis. Il faudra aller acheter des pieds.

Catherine : C'est prévu.

Arthur : Je vais aller voir où en est le compost. Je ne l'ai pas entretenu de tout l'hiver.

Catherine : Normalement, il devrait avoir pris soin de lui-même par ses propres moyens.

Arthur : Il faudra en répandre dans la terre, avec un peu d'engrais de printemps pour préparer le sol.

Catherine : Tu crois que nous pouvons sortir les plantes et les arbustes de la serre ?

Arthur : Les arbustes oui. Pour les plantes grasses et les cactées, j'attendrais encore un peu.

Catherine : En revanche je vais rempoter certains semis qui se sont bien développés. Sinon ils vont être à l'étroit. Je vais aller acheter du terreau.

Arthur : Et bien nous voici bien occupés pour tout le week-end!

Gardening

Arthur: Good! May has arrived, it is about time to go back to our garden!

Catherine: Clearly. But where to start? There is so much to do...

Arthur: Well for starters I'll mow the lawn while you take care of the weeds.

Catherine: That seems like a good start. Then we should dig the soil of the garden if we want to sow and replant later.

Arthur: Yes, we will finally be able to try our new spade.

Catherine: I think I'll leave you this task. I'm going to trim the borders and the hedges. And prepare the stakes.

Arthur: As you wish. Do you want to plant tomatoes this year? We did not do any seedlings. We will have to buy some heads.

Catherine: It's all planned.

Arthur: I'm going to see how the compost is doing. I did not take care of it this winter.

Catherine: Normally, it should have taken care of itself on its own.

Arthur: It will be necessary to spread it in the soil, with a little spring fertilizer to prepare the ground.

Catherine: Do you think we can get the plants and shrubs out of the greenhouse?

Arthur: The shrubs yes. For succulents and cacti, I would wait a little longer.

Catherine: On the other hand, I'm going to repot some seedlings that have developed well. Otherwise they will get cramped. I'm going to buy potting soil.

Arthur: Well here we are, busy for the whole weekend!

34

UN PEU DE MONNAIE?

-

SPARE CHANGE?

Marin : Un peu de monnaie ?

Alexia : Pour quoi faire ?

Marin : Pour m'acheter à manger.

Alexia : Vous n'avez pas d'argent pour vous nourrir ?

Marin : Non je vis dans la rue.

Alexia : Quel âge avez-vous ?

Marin : 19 ans.

Alexia : Où est votre famille ?

Marin : Je ne sais pas je suis parti il y a des années.

Alexia : Pourquoi n'allez-vous pas dans un foyer ? Il y a des associations qui peuvent vous aider. Vous pourriez reprendre les études.

Marin : Ce n'est pas mon truc les études. Je préfère voyager et faire ce que je veux.

Alexia : Faire la manche sur un parking c'est ça que vous voulez faire ?

Marin : Au moins je suis libre.

Alexia : Libre de mourir de faim. Tenez voici quinze euros. Allez vous acheter un sandwich. Est-ce que vous voulez que j'appelle un foyer en votre nom pour essayer de vous trouver une place ?

Marin : Non merci madame.

Alexia : Mais nous sommes en septembre. L'hiver va arriver rapidement et il va commencer à faire froid. Vous ne pouvez pas rester dans la rue.

Marin : Je descendrai vers le Sud, plus près du soleil.

SPARE CHANGE?

Marin: Spare change?

Alexia: What for?

Marin: To buy some food.

Alexia: You do not have money to feed yourself?

Marin: No, I live in the street.

Alexia: How old are you?

Marin: 19.

Alexia: Where is your family?

Marin: I do not know, I left home years ago.

Alexia: Why don't you go to a shelter? There are associations that can help you. You could go back to school.

Marin: School is not my thing. I prefer travelling and doing what I want.

Alexia: Begging on a parking lot is that what you want to do?

Marin: At least I'm free.

Alexia: Free to starve. Here are fifteen euros. Go buy yourself a sandwich. Do you want me to call for you to try to find a place in a shelter?

Marin: No thanks, ma'am.

Alexia: But it's September. Winter will come quickly and it will start to get cold. You cannot stay in the streets.

Marin: I'll go down south, closer to the sun.

35

14 JUILLET

-

JULY 14TH

Maxine : Qu'est-ce qu'on entend ? Le chien est terrifié. Il se cache sous mon lit.

Loris : Ce sont des pétards. Ils sont en vente seulement à cette période de l'année et les enfants adorent jouer avec. Mais les chiens les détestent.

Maxine : Et à quoi ça sert ?

Loris : À faire du bruit. Pour fêter le 14 Juillet. La fête nationale.

Maxine : C'est une curieuse tradition.

Loris : Mais non, tu verras, demain soir tu auras l'opportunité de voir des feux d'artifice dans le village d'à côté, ainsi que le bal annuel des pompiers. Tu vas adorer.

Maxine : S'il y a encore des pétards, je ne vais pas emmener le chien.

Loris : Effectivement, tu ferais mieux de le laisser ici. Si les chiens détestent les pétards, tu peux me croire sur parole quand je te dis qu'ils ont les feux d'artifice en horreur !

Maxine : En fait la fête nationale n'est pas vraiment la fête des chiens si je comprends bien.

Loris : C'est le seul jour de l'année où on a le droit de faire du bruit, de jouer de la musique de façon forte, et de tirer des feux d'artifice dans notre jardin. Papa l'avait fait une fois, mais il a failli se brûler la main alors maintenant on va les voir au village.

Maxine : Tout cela a l'air très dangereux. Vous n'avez pas trouvé mieux pour célébrer ?

Loris : En 1789 nos ancêtres coupaient les têtes des rois et des aristocrates. Alors les feux d'artifice et les pétards proportionnellement c'est beaucoup plus calme et paisible ! Ah ah !

Maxine : Je vois ! « L'étendard sanglant est levé » !

JULY 14 TH

Maxine: What are we hearing? The dog is terrified. He's hiding under my bed.

Loris: These are firecrackers. They are sold only at this time of year and kids love to play with them. But dogs hate them.

Maxine: And what's their purpose?

Loris: To make noise. To celebrate the 14th of July. The national holiday.

Maxine: It's a curious tradition.

Loris: No, you'll see, tomorrow night they will shoot fireworks in the village and the annual firefighters' ball is also taking place. You will love it.

Maxine: If there are firecrackers, I will not take the dog.

Loris: Yes, you better leave him here. If dogs hate firecrackers, you can take my word for it when I tell you they despise fireworks!

Maxine: So the national holiday is not really a holiday for dogs, if I understand correctly.

Loris: It's the only day of the year when we have the right to make noise, play loud music, and shoot fireworks in our garden. Dad, did it once, but he almost burned his hand, so now we see them in the village.

Maxine: It sounds very dangerous. Couldn't you find any better way to celebrate?

Loris: In 1789 our ancestors beheaded kings and aristocrats. So the fireworks and the firecrackers, proportionally, are much calmer and more peaceful! Ah ah!

Maxine: I see! 'The bloody banner has been raised'!

36

REVEILLON DE NOËL

-

CHRISTMAS EVE

Samuel : Je te préviens, cette année on ne fait rien pour le Réveillon de Noël.

Josiane : Pourquoi?

Samuel : Tous les ans c'est la même chose. On se dit que le lendemain en famille nous allons manger un banquet, alors nous prévoyons de faire léger, et nous finissons à manger comme des ogres jusqu'à minuit. À tel point que le lendemain midi nous sommes encore malades de la veille et nous ne pouvons pas profiter de cette journée en famille.

Josiane : Tu exagères. Et puis de toute façon cette année nous sommes seuls. Nos enfants sont chez leurs belles familles. Ils ne viennent que le 25.

Samuel : Tant mieux. Nous mangerons tous les deux une soupe, et nous irons au lit à 21 heures.

Josiane : Quoi? Et manquer le passage du Père Noël?

Samuel : Bon si tu veux on se couchera plus tard. Juste le temps de se manger un morceau de bûche en tête à tête et de s'offrir nos cadeaux. Mais rien de plus.

Josiane : Je voulais faire la recette de foie gras de ma mère. Rien que pour nous deux.

Samuel : Ah ça, il faut dire que ta mère fait le meilleur foie gras du monde. Bon alors une tranche, pas plus.

Josiane : D'accord.

Samuel : Et une soupe !

Josiane : Justement, je suis en train de lire une recette de soupe au vin blanc et morilles, avec une croûte de pain aux noix avec des lanières de dinde, ça a l'air excellent.

Samuel : Miam. J'adore les morilles.

Josiane : Tu vois. Et bien je crois que notre dîner de réveillon en amoureux et décidé alors.

Samuel : Mais léger, hein !

CHRISTMAS EVE

Samuel: I'm warning you, this year, we're not doing anything special for Christmas Eve.

Josiane: Why is that?

Samuel: Every year it's the same thing. We promise ourselves that the next day we will eat a family banquet, so we plan to eat light, and we end up eating like ogres until midnight. So much in fact, that the next day we are still sick from the day before, and we can't properly enjoy this day with the family.

Josiane: You're exaggerating. And anyway, this year we are by ourselves. Our children are with their families-in-law. They will only join us the next day.

Samuel: All the better. We will both eat soup, and go to bed at 9 pm.

Josiane: What? And miss Santa Claus?

Samuel: Well, if you insist we can go to bed later. But just the time to eat a piece of Christmas cake and share gifts. But nothing more.

Josiane: I wanted to make my mother's foie gras recipe. Just for us two.

Samuel: Oh, it must be said: your mother makes the best foie gras in the world. Okay then, a slice, no more.

Josiane: Okay.

Samuel: And a soup!

Josiane: It's perfect, I'm reading a recipe for a white wine soup with morels, served with a crust of walnut bread topped with strips of turkey, it looks excellent.

Samuel: Yum. I love morels.

Josiane: You see. Well, I think our romantic Christmas Eve dinner is set then.

Samuel: But a light dinner, huh!

37

PREMIERE SORTIE

-

FIRST DATE

Stéphane : Je suis ravi que tu aies accepté mon invitation.

Caroline : Et bien, je suis pour ma part très contente que tu m'aies invitée !

Stéphane : Tu as passé une bonne journée au travail ?

Caroline : Oui, merci. J'avais pas mal de réunions cet après-midi, mais j'ai réussi à partir un peu plus tôt pour me préparer. Et toi ?

Stéphane : C'est réussi, tu es très en beauté ce soir. Oui, j'ai passé une bonne journée, dans l'anticipation.

Caroline : Merci !

Stéphane : Alors, je me disais qu'on pourrait d'abord marcher un peu autour du port, et ensuite choisir un restaurant. Après ça, si le cœur t'en dit, j'ai vérifié les horaires des séances de cinéma.

Caroline : C'est parfait ! Je ne connais pas encore très bien la ville.

Stéphane : Donc, parle-moi un peu de toi, on n'avait pas vraiment eu le temps de discuter quand on s'est rencontré chez Jacques et Sylvie.

Caroline : Et bien, j'ai emménagé à Honfleur il y a trois mois, avant j'habitais à Rennes, je suis originaire de là-bas. Et toi ?

Stéphane : Je suis originaire de Bordeaux, mais j'ai étudié à Caen, puis emménagé ici à Honfleur l'année dernière.

Caroline : C'est encore plus loin que moi ! Bordeaux te manque ?

Stéphane : Non, pas tant que ça. La ville est très belle, mais trop grande à mon goût. J'apprécie beaucoup la taille de Honfleur, la proximité avec la mer, et le côté très coloré du port. De plus, je retourne à Bordeaux pour visiter ma famille trois à quatre fois par an.

FIRST DATE

Stéphane: I'm really glad that you accepted my invitation.

Caroline: Well, I'm really happy you invited me!

Stéphane: Did you have a good day at work?

Caroline: Yes, thank you. I had quite a few meetings this afternoon, but I managed to leave a bit early to get ready. What about you?

Stéphane: Well, it paid off, you look beautiful today. And yes, I had a good day. With much to look forward to.

Caroline: Thank you!

Stéphane: So I thought we could walk around the port first, for a bit, and then choose a restaurant. After that, if you want, I've checked out the movie theaters' schedule.

Caroline: That's perfect! I don't know the town very well yet.

Stéphane: So, tell me a bit about yourself; we didn't have all that much time to talk when we first met at Jacques and Sylvie's.

Caroline: Well, I moved here in Honfleur about three months ago. Before that I lived in Rennes, that's where I'm from. What about you?

Stéphane: I'm from Bordeaux, but I studied in Caen, then I moved here in Honfleur last year.

Caroline: That's even further than my hometown! Do you miss Bordeaux?

Stéphane: No, not really. The city is beautiful, but it's a bit too big for me. I really like the size of Honfleur, the proximity with the sea, the very colourful port. Moreover, I go back to Bordeaux to visit my family three to four times a year.

38

DECALAGE HORAIRE

-

JET LAG

Stéphane : Bonsoir, Anne, je te dérange ? C'est Stéphane.

Anne : Ah, bonsoir Steph.

Stéphane : Tu dors ? Je te réveille ? Tu es malade ?

Anne : Oui, je dormais, non, je ne suis pas malade, il se trouve juste que je suis actuellement à Séoul, donc ici c'est le milieu de la nuit.

Stéphane : Séoul ! Mais il est quelle heure ?

Anne : Il est quatre heures du matin.

Stéphane : Oh je suis vraiment désolé !

Anne : Ne t'inquiète pas, tu ne pouvais pas savoir.

Stéphane : Bon, et bien je te rappellerai à une heure plus raisonnable.

Anne : Non, ça ne fait rien, je suis à présent réveillée, et je me rendors assez facilement, ça devrait aller. Je vais me planifier une période de repos dans la journée.

Stéphane : Tu es arrivée quand ?

Anne : Aujourd'hui même, mais le décalage est plus facile à gérer en allant vers l'est, c'est pour ça que je ne m'inquiète pas trop. C'est le retour à l'ouest qui va être plus compliqué, car là il faudra que mon organisme se réadapte.

Stéphane : Sept heures de décalage, c'est quand même beaucoup !

Anne : Oui, mais le pire, c'est qu'après Séoul, je continue mon périple : je passe cinq jours à Sydney, ce qui rajoute une heure de décalage, puis à Auckland, en Nouvelle-Zélande, ce qui m'amène à dix heures de décalage avec Paris. Pour finir, je serai une semaine à Papeete, et là, c'est douze heures de décalage. Et je reviens en France après. Je pense que ça va être rude !

JET LAG

Stéphane: Good evening Anne, am I disturbing you? It's Stéphane.

Anne: Oh, good evening Steph.

Stéphane: Were you sleeping? Am I waking you up? Are you sick?

Anne: Yes, I was asleep, and no, I'm not sick. I happen to be in Seoul, and it's the middle of the night here.

Stéphane: Seoul! But what time is it?

Anne: It's 4am.

Stéphane: Oh I'm really sorry!

Anne: Don't worry, you couldn't have known.

Stéphane: OK, well I'll call you back at a more reasonable time.

Anne: No, it's OK, I'm awake now, and I fall back asleep fairly easily. I should be OK; I'll plan on taking a nap later in the day.

Stéphane: When did you arrive?

Anne: Today, but the jet lag is reasonably easy to handle when you're going east, that's why I'm not so worried. It's the way back, westward, that's going to be trickier. My body will have to readapt.

Stéphane: Well, a seven-hour time difference is quite a lot!

Anne: Sure, but the worst is that I'll keep traveling after Seoul: I'll be in Sidney for five days, so that's an additional hour, then Auckland, New Zealand, with an additional ten hours, and finally Papeete for a week which is a twelve-hour difference with Paris, I think the way back will be very tough indeed!

39

RÉSERVER UN HÔTEL

-

BOOKING A HOTEL ROOM

Dominique : Bonjour, je voudrais savoir s'il vous reste des chambres.

Réceptionniste : Bonjour et bienvenue. Combien de chambres souhaitez-vous, et de quel type ?

Dominique : Il nous faudrait deux chambres, une double avec deux lits, et une chambre pour une personne.

Réceptionniste : Et pour combien de temps ?

Dominique : La chambre double pour six nuits, et la chambre simple pour quatre nuits.

Réceptionniste : Je regarde. Avez-vous d'autres besoins spécifiques ?

Dominique : Et bien si les deux chambres pouvaient être à proximité, ça serait plus pratique, nous avons pas mal de travail. De plus, si la chambre double avait une grande table ou deux petits bureaux, ça nous arrangerait.

Réceptionniste : En fait vous êtes ici pour le travail, et vous partagez la chambre double avec un collègue ?

Dominique : Oui, exactement.

Réceptionniste : Dans ce cas, puis-je vous suggérer de prendre plutôt une suite ? Vous aurez deux chambres, une double et une simple, mais en plus vous profiterez d'un salon avec des fauteuils, un petit canapé et un grand espace de travail.

Dominique : Quelle est la différence en termes de prix ?

Réceptionniste : Voyons voir... L'option numéro 1 vous coûterait sept cent cinquante euros, et l'option numéro deux vous reviendrait... Attendez.... Elle vous reviendrait à six cent quatre-vingt-dix euros. Et nous avons effectivement quelques suites de disponible. Par contre nous n'aurons de chambre simple à vous proposer que pour trois jours.

Dominique : Bon, et bien dans ce cas, votre solution paraît être la meilleure.

BOOKING A HOTEL ROOM

Dominique: Hello, I'd like to know whether you have any rooms left.

Receptionist: Hello and welcome. How many rooms do you need, and what type?

Dominique: We need two rooms, one double with two beds and a single room for one person.

Receptionist: And for how long?

Dominique: The double room would be for six nights, and the single room for four nights.

Receptionist: Let me have a look. Do you have any other specific requests?

Dominique: Well, it would be great if both rooms could be close to each other, it would be more convenient, we have quite a bit of work to go through. Besides, if the double room had a sizable table or two small desks, it would come in handy.

Receptionist: You're actually here to work, and you're sharing the double room with one of your colleagues, is that correct?

Dominique: Yes, exactly.

Receptionist: In that case, may I suggest that you book a suite instead? You would have two bedrooms, a double and a single, but you would also have a lounge with armchairs and a small desk, and a large space to work in, including a table.

Dominique: What's the difference, cost-wise?

Receptionist: Let's see. Option one would cost you seven hundred and fifty euros, and option two would cost.... Wait... It would cost you six hundred and ninety euros. And we do have a few suites available. On the other hand, we'd only have a single room for three days.

Dominique: Well, in that case, your solution seems like the best.

40

À LA CAISSE

-

THE SUPERMARKET CHECKOUT

Zoé : Bonjour !

Jean : Bonjour, en quoi puis-je vous aider ?

Zoé : Je voulais juste vérifier le prix de ce fromage avant de procéder.

Jean : Faites-moi voir.... Il est à cinq euros trente.

Zoé : Très bien, je l'ajoute à mon caddie. Je suis vraiment ravie que vous ayez commencé à en vendre, ça fait des mois que j'en cherche !

Jean : Oui, nous avons une nouvelle gamme de produits bio qui nous viennent de producteurs locaux, dont certains ont été certifiés depuis peu. C'est pour ça qu'on ne vendait pas cette tomme avant. Elle provient d'une productrice de la région, qui fait tous ses produits à la main.

Zoé : C'est formidable ! Quels autres produits avez-vous ? Je n'ai pas vu le rayon.

Jean : C'est parce qu'il va être monté ce week-end. On a placé le fromage dans le rayon fromagerie, car il vient tout juste d'être livré. Mais nous avons aussi du jambon, du saucisson, du poulet local   ; côté fruits et légumes, on a en plus des oignons et de l'ail qui viennent s'ajouter à notre offre habituelle.

Zoé : Vous avez aussi des produits secs ? J'aimerais acheter des pâtes, du riz, des biscuits, etc.

Jean : Nous avons trois types de pâtes à environ un euro cinquante le paquet, du riz basmati à quatre euros le kilo, et des biscuits comme des petits-beurre et des cookies au chocolat à environ deux euros cinquante le paquet si ma mémoire est bonne. Voulez-vous aller voir pendant que je commence à scanner vos articles ?

THE SUPERMARKET CHECKOUT

Zoé: Hello!

Jean: Hello, how may I help you?

Zoé: I just wanted to check the price of this cheese before adding it.

Jean: Let me see... It costs five euros thirty cents.

Zoé: Great, I'll add it to my basket, then. I'm really glad you've started selling it, I've been looking for some, for months now!

Jean: Yes, well we have a new range of organic products, straight from local organic farmers, some of them only just got their certification. That's why we didn't sell this tomme before, it's handmade from a local organic farm.

Zoé: That's great! What other produce do you have? I didn't see a specific alley.

Jean: That's because it's being set up this weekend. We placed the tomme in the cheese section for now because it was just delivered. But we also have organic ham, dry sausage and local chicken; fruit and veggies, we also have organic garlic and onions on top of our usual products.

Zoé: Do you also have dry goods? I'd like to buy pasta, rice, biscuits, etc.

Jean: We have three different pasta types at about one euro fifty a pack, basmati rice at four euros a kilo, and cookies such as petit-beurre and chocolate chip cookies at about two euros fifty a box if I remember correctly. Do you wish to go and have a look while I start scanning your products?

41

LA CÉRÉMONIE DE MARIAGE

-

THE WEDDING CEREMONY

Sylvain : Chérie, as-tu une idée précise du type de cérémonie de mariage que tu préférerais ?

Nadège : Oui. Tu te rappelles du mariage de Christian et Géraldine ? Il y a deux choses qui m'avaient marquée et que j'aimerais avoir dans notre mariage. La première, c'est les petites demoiselles d'honneur : on pourrait demander à tes nièces et aux miennes, j'aimerais bien avoir six ou sept petites demoiselles qui me précèdent avec leurs bouquets de roses.

Sylvain : Pas de problème, je vais demander à mon frère. Quelle est la deuxième chose ?

Nadège : C'est le lieu. J'aimerais qu'on trouve un endroit avec, pourquoi pas, une chapelle près d'un verger. J'aimerais voir des vergers en sortant de l'église.

Sylvain : D'accord, ça me va. À part ces deux éléments, qu'est-ce que tu as d'autre en tête ?

Nadège : Je ne sais pas, c'est surtout ça que je vois pour la cérémonie. Et toi ?

Sylvain : Moi je vois une église de taille moyenne, pas trop grande. Je ne sais pas si c'est mieux qu'on se marie près de chez mes parents ou ici, vu qu'il y a des vergers. Tes parents seraient-ils jaloux si on faisait ça là-bas ?

Nadège : Non, je ne crois pas, mais ça serait sans doute plus sage de le faire par ici.

Sylvain : Oui, tu as raison. Ensuite, et bien, il faut qu'on choisisse dans quel type de voiture tu veux arriver. Ou préfères-tu une calèche ?

Nadège : Une calèche ! Avec quatre percherons blancs !

THE WEDDING CEREMONY

Sylvain: Honey, do you know what type of wedding ceremony you'd prefer?

Nadège: Yes, do you remember Christian and Géraldine's wedding? There were two things had struck me, and that I'd like to have in our wedding. The first is all the little bridesmaids: we could ask your nieces and mine; I'd like to have at least six or seven little bridesmaids preceding me with their rose bouquets.

Sylvain: No problem, I'll ask my brother. What's the second thing?

Nadège: The place. I'd like us to find a place with, if possible, a chapel near an orchard. I'd like to see orchards when we step out of the church.

Sylvain: Yes, I second that. What else do you have in mind apart from these two criteria?

Nadège: I don't know, these really are my 'requests' for the ceremony. What about you?

Sylvain: Well, I can see a medium-size church, not too big. And I don't know whether it's better for us to get married near my parents or near here, since we both have orchards around. Would your parents be jealous if we got married there?

Nadège: No, I don't think so. But still, I think we'd be wiser to have it near here.

Sylvain: Yes, you're right. Well, then, we have to choose the type of car in which you want to arrive. Or do you want a horse-drawn carriage?

Nadège: A calèche! With four white Percheron horses!

42

LOCATION DE VÉHICULE

-

CAR RENTAL

Marc : Bonjour, j'ai effectué une réservation en ligne.

Employée : Bonjour, à quel nom ?

Marc : Durand, avec un D. Marc.

Employée : Laissez-moi regarder. Vous aviez besoin de quel type de véhicule exactement, et pour combien de temps ?

Marc : J'ai besoin d'un véhicule familial, cinq à sept places, et de préférence à essence. Nous devons faire environ mille deux cents kilomètres en dix jours.

Employée : Vous ramènerez le véhicule ici ?

Marc : Si le supplément n'est pas trop élevé, je préférerais le déposer sur place.

Employée : J'ai une Peugeot 5008 de disponible immédiatement. Vous aurez à payer un supplément de cent cinquante euros pour la déposer sur place.

Marc : Très bien. Je vous la prends. Voici mon permis de conduire et ma carte bancaire.

Employée : Merci. Je vous prépare le contrat de suite.

Marc : Très bien. Avez-vous également des sièges pour enfants, si oui, y-at-il un supplément ?

Employée : Les sièges enfants sont gratuits. Voici le contrat, vous pouvez signer ici et ici.

Marc: OK.

Employée : Très bien, voici le reçu de votre paiement, et celui de la caution. Allons faire le tour du véhicule.

Marc : Parfait, je vous suis.

Employée : C'est une voiture immaculée, elle n'a que vingt kilomètres, elle est arrivée il y a deux jours. Elle est en parfait état.

Marc : Ah, nous allons l'inaugurer.

CAR RENTAL

Marc: Hello, I've made an online reservation.

Employee: Hello, under what name?

Marc: Durand, with a D. Marc.

Employee: Let me have a look. What type of vehicle do you need, and for how long?

Marc: I need a family car, five to seven seats, and preferably using gas. We have to drive about one thousand two hundred kilometers over ten days.

Employee: And would you bring the car back here?

Marc: If it's not too costly, I'd rather leave it down there.

Employee: OK, I have a Peugeot 5008 that's immediately available. You would have to pay an additional one hundred and fifty euros to drop it on the location.

Marc: That's great, I'll take it. Here's my license and debit card.

Employee: Thank you. I'll prepare the contract straight away.

Marc: Thank you. Do you have car seats for children? If so, do they cost extra?

Employee: Kids' seats are free. Here's the contract, can you sign here and here?

Marc: OK.

Employee: Perfect, here's your payment receipt for the car, and the one for the security deposit. Let's go and look over the vehicle.

Marc: I'm right behind you.

Employee: This car is absolutely immaculate, it's only been driven 20 kilometers, two days ago. It's in perfect shape.

Marc: Great, we'll christen it!

43

LES TAILLES

-

SIZES

Zoé : Bonjour, j'aimerais savoir si vous avez ces modèles en différentes tailles, je ne les ai pas trouvés en rayon.

Vendeuse : Quelles tailles vous faut-il ?

Zoé : Pour les robes, du quarante. Pour les jeans, du trente-huit, s'il vous plaît

Vendeuse : Je vais aller voir en réserve, une minute s'il vous plaît.

Zoé : Merci, en attendant je vais regarder les jupes.

Vendeuse : Merci d'avoir patienté. Voici ce que j'ai trouvé. Pour cette robe bleue, un quarante. Pour la robe rose, un quarante-deux, mais en fait elle taille petit, vous devriez l'essayer en cabine pour voir si ça peut aller. La robe blanche est en trente-huit, mais apparemment elle taille large, donc elle peut potentiellement vous aller, il faut l'essayer elle aussi. Pour les jeans, j'ai tout trouvé sauf le bootleg et le slim, il n'y en a qu'en quarante-deux, mais je vous conseille aussi de les essayer.

Zoé : Très bien, merci. Je reviens.

Zoé : Bon, je prends la robe rose et la robe bleue, par contre la blanche me serre trop, je l'ai laissée en cabine. Côté jeans, ils me vont tous à part le bootleg qui ne me convient pas. Est-ce que je peux laisser ma pile là ? Il me reste encore à trouver des t-shirts taille quarante.

Vendeuse : Mettez-les là. OK, suivez-moi, je vais vous montrer où se trouvent les t-shirts dans votre taille.

SIZES

Zoé: Hello, I'd like to know whether you have these articles in a different size, I couldn't find them on the shelves.

Shop Assistant: What size do you need?

Zoé: For the dresses, I need a European forty. For the jeans, I need a European thirty-eight, please.

Shop Assistant: I'll go see out back, one moment please.

Zoé: Thank you. I'll go look at the skirts, in the meantime.

Shop Assistant: Thanks for waiting. Here's what I found. For this blue dress, a size forty. For the pink dress, a forty-two, but it should fit a smaller size, so you should try it and see whether it fits you. The white dress is a thirty-eight, but it seems rather large, so again, try it on and see. I found all the jeans except for the bootleg and the slim, they're only available in size forty-two, but I also advise you to try them on.

Zoé: Great, thank you very much. I'll be right back.

Zoé: OK, so I'll take the pink and blue dresses, but the white one is too tight, I left it in the cabin. Jeans-wise, they all fit except for the bootleg, I don't like how it looks. Can I leave the pile here? I still have to find size forty t-shirts.

Shop Assistant: Drop them here. OK, follow me, I'll show you where you can find t-shirts in your size.

44

COMMANDE EN LIGNE

-

ONLINE ORDER

Nicolas : Bonjour.

Service client : Bonjour, en quoi puis-je vous aider aujourd'hui ?

Nicolas : J'ai besoin d'aide pour finaliser une commande. À chaque fois que je clique sur « Payer maintenant », je suis renvoyé à mon panier.

Service client : Puis-je avoir votre nom s'il vous plaît ? Très bien. Je vois que vous essayez d'acheter un ordinateur portable.

Nicolas : En effet.

Service client : Laissez-moi une minute, je vais essayer de voir pourquoi cela ne fonctionne pas. Ah ! C'est parce que le dernier exemplaire a été acheté par quelqu'un d'autre il y a sept minutes, mais le système n'a pas réussi à faire sa mise à jour pour une raison que je ne comprends pas. Il vous ramène à votre panier parce qu'il n'est pas sûr du statut de l'objet.

Nicolas : Il n'est donc plus du tout disponible ?

Service client : Non, je suis désolé. Par contre, je peux vous proposer un modèle équivalent, un peu plus puissant, mais avec une différence de prix minime. Son processeur est un i7 dernière génération, donc il est plus puissant, et son disque dur est de 500 Gigas, en SSD, ce qui le rend bien plus rapide que celui que vous aviez l'intention d'acheter. Et il est en promotion à partir de ce midi, donc dans... cinq minutes ! Il ne vous coûtera que cinquante euros de plus par rapport à votre choix initial.

Nicolas : Très bien, quel type de carte graphique a-t-il ?

ONLINE ORDER

Nicolas: Hello.

Customer Service: Hello. How may I help you today?

Nicolas: I need help to finalize an order. Whenever I click on 'Pay Now', it sends me back to my cart.

Customer Service: May I have your name please? Very well. I can see that you're trying to buy a laptop computer.

Nicolas: Indeed.

Customer Service: Give me a minute, please, I'll try and see why it's not working. Oh! It's because the last one was purchased by someone else seven minutes ago, but for some reason, the system hasn't fully updated itself. I don't understand why. It takes you back to your cart because it's uncertain about the status of the item.

Nicolas: So it's now totally unavailable?

Customer Service: Indeed, I'm very sorry. I can, however, suggest a similar model, a bit more powerful, but with a low price difference. Its processor is a last generation i7, so it's more powerful; it has a 500 Giga SSD hard drive, so it's a lot faster than the one you meant to buy, and it goes on sale at noon, so that's in ... five minutes! It will only cost fifty euros more than your initial choice.

Nicolas: Great; what type of graphic card does it have?

45

BILLETS DE BANQUE

-

BANK NOTES

Sylvie : Bonjour.

Chargé de clientèle : Bonjour, Madame, en quoi puis-je vous aider ?

Sylvie : Et bien je dois effectuer un retrait, mais la machine ne me laisse pas un choix suffisant de types de billets.

Chargé de clientèle : Vous souhaitez retirer quelle somme, et en quelles coupures ?

Sylvie : Et bien j'aimerais retirer huit cents euros. Il me faudrait deux billets de cent, six billets de cinquante euros, deux cents euros en billets de vingt, et le reste en billets de dix et cinq.

Chargé de clientèle : Je vais voir si cela peut se faire. En effet, nous pouvons vous fournir les billets que vous demandez. Puis-je avoir votre carte, et une pièce d'identité ?

Sylvie : Oui, les voici.

Chargé de clientèle : Merci. Ah, je vois que votre compte n'est pas domicilié dans notre agence.

Sylvie : En effet, je suis de passage dans la région. J'allais faire le retrait au distributeur, puisque je n'ai pas atteint ma limite hebdomadaire, mais le choix des billets n'était pas suffisant.

Chargé de clientèle : Je suis désolé, mais je pense qu'il va falloir que vous fassiez le retrait en machine, et que vous reveniez me voir par la suite pour que je vous fasse le changement de coupures. Le système informatique ne me laissera pas effectuer votre retrait depuis cette région.

Sylvie : Très bien, je vais les retirer et je reviens tout de suite... Voici les huit cents euros.

BANK NOTES

Sylvie: Good Morning

Bank clerk: Good morning, Madam. How may I be of service?

Sylvie: Well, I need to withdraw some money, but the ATM won't give me a satisfactory choice in terms of bank notes.

Bank clerk: How much do you wish to withdraw, and which notes do you need?

Sylvie: Well I'd like to withdraw eight hundred euros. I need two hundred euro bills, six fifty euro notes, two hundred euros in twenties, and the rest in fives and tens.

Bank clerk: Let me see if I can help. OK, we have that. May I have your card and ID, please?

Sylvie: Of course, here they are.

Bank clerk: Thank you. Oh, I see that your account isn't held in our agency.

Sylvie: Indeed, I'm only visiting the area. I was going to withdraw at the ATM, since I haven't reached my weekly withdrawal limit, but the choice of notes wasn't adequate.

Bank clerk: I'm really sorry, but I think you will have to withdraw from the machine, and then come back to me to get the proper choice of banknotes. The computer won't let me withdraw from your account in this region.

Sylvie: No worries, I'll go make the withdrawal and return quickly... Here are the eight hundred euros.

46

L'APPEL TÉLÉPHONIQUE

-

THE PHONE CALL

Roland : Allô ?

Jérémy : Allô, bonjour ?

Roland : Jérémy ?

Jérémy : Oui, bonjour, qui est au téléphone ? Ah ! Roland !

Roland : Oui, c'est moi. Comment vas-tu mon ami ?

Jérémy : Et bien ! Ça fait un bail ! Je vais bien, et toi ? Toujours à Besançon ?

Roland : Non, j'habite à Nantes, on a déménagé il y a un mois.

Jérémy : C'est super ! De Nantes à chez moi, il n'y a que deux petites heures. Mais dis-moi, que veux-tu dire par « on » ? Il me semblait que Corinne et toi, c'était bel et bien fini ?

Roland : Oui, tu as bonne mémoire. Et c'est justement pour ça que je t'appelle. Je vais me marier avec ma nouvelle compagne, elle s'appelle Marie. Et comme on n'est plus trop loin l'un de l'autre, on voulait vous inviter à déjeuner ou dîner, selon ce que vous préférez, pour faire les présentations, avant le mariage (qui sera l'an prochain).

Jérémy : Félicitations ! C'est une super nouvelle. Je suis très heureux pour toi. Attends que j'annonce la nouvelle à Martine ! Et c'est avec grand plaisir qu'on partagerait un premier moment avec vous. Tu as une date en tête ? Il faudra de toute façon que je consulte ma chère et tendre.

Roland : On est assez flexible, on pensait plutôt à un samedi ou dimanche à partir du quinze de ce mois. Je sais que Sarah est encore petite, mais on a de la place si vous voulez dîner et dormir.

Jérémy : C'est une super idée. Passe-moi ton numéro, je consulte Martine et je te rappelle tout à l'heure, OK ?

THE PHONE CALL

Roland: Hello?

Jérémy: Hello?

Roland: Jérémy?

Jérémy: Yes, hi there. Who is this? Oh, is it you, Roland?

Roland: Yes, it's me. How are you, buddy?

Jérémy: Well, it's been a long time! I'm good. What about you? Still living in Besançon?

Roland: No, I'm living in Nantes, we just moved here a month ago.

Jérémy: That's great! To go from here to Nantes requires only about two hours. But tell me, who's this 'we'? I thought Corinne and you had broken up once in for all?

Roland: Yes, you have a good memory. That's actually why I'm calling. I'm getting married next year to my new partner. Her name is Marie. And since you don't live too far, we wanted to invite you guys for lunch or dinner, whichever you prefer, to introduce you to one another well ahead of next year's wedding.

Jérémy: Congratulations! That's wonderful news. I'm really happy for you. Wait till I tell Martine! And I'd love to share a meal and catch up. Did you have a date in mind? I'll have to check in with my dear wife anyway.

Roland: Well, we're fairly flexible. We were thinking of a Saturday or Sunday, starting from the second half of the month. I know Sarah is still young, but we have room if you wanted to have dinner and then sleep over.

Jérémy: That's a great idea. Give me your number, and I'll check with Martine and call you back in a bit, OK?

47

CHOISIR LE BON VIN

-

CHOOSING THE RIGHT WINE

Virginie : Je te laisse choisir le vin ?

Victorien : Je redoutais que tu me demandes cela. Je sais bien que traditionnellement c'est l'homme qui choisit le vin, mais je vais être honnête avec toi : je n'y connais absolument rien en vin !

Virginie : Ce n'est pas grave ! Pour une fois qu'un homme avoue qu'il ne sait pas tout sur tout ! C'est un bon point pour toi ! Je vais donc choisir...

Victorien : Ouf ! Il faudra quand même que je me renseigne un peu plus pour ne pas avoir l'air d'un idiot.

Virginie : Si tu veux devenir un vrai spécialiste des vins, cela te prendra des années d'étude et toute une vie d'expériences. Les plus grands amateurs de vin sont de grands passionnés, capables de reconnaître un vin uniquement par sa couleur, c'est fou !

Victorien : Sans aller jusque-là j'aimerais au moins savoir quoi choisir pour ne pas faire de grosse faute de goût.

Virginie : Et bien tu sais quand il s'agit de vin comme ailleurs, les tendances changent. Auparavant on ne servait que du vin rouge avec le fromage, maintenant il est très bien vu de l'accompagner avec du vin blanc. Alors si tu te trompes et que ton invitée est surprise, tu pourras dire que c'est fait exprès !

Victorien : Personnellement j'aime le vin de Bourgogne, mais je suis certain qu'il existe de très bons Bordeaux.

Virginie : Évidemment. Il existe des perles parmi tous les cépages. Mais les bouteilles de vins les plus chères au monde sont souvent de Bourgogne ! Bien que certains Bordeaux soient somptueux.

Victorien : Donc, que boirons-nous ?

Virginie : Et bien tu as pris du gibier, c'est un plat fort et probablement mariné. J'ai personnellement choisi un poisson-vapeur, léger. Donc une chose est certaine, c'est que nous ne boirons pas le même vin ! Je vais partir sur un blanc frais et fruité, type Pinot bleu d'Alsace, toi tu devrais prendre un vin qui s'efface un peu derrière ton gibier, comme un Cahors rouge. On va les commander au verre si tu veux bien.

Victorien : D'accord. Je te fais confiance. Et pour le coup je veux bien essayer le vin blanc avec le fromage !

CHOOSING THE RIGHT WINE

Virginie: Should I let you pick the wine?

Victorien: I was afraid you would ask me that. I know that traditionally it is the man who chooses the wine, but I will be honest with you: I know absolutely nothing about wine!

Virginie: It does not matter! For once, a man confesses that he does not know everything! This is a good point for you! I will choose then...

Victorien: Phew! I still need to educate myself on this topic, so I would look a little less like an idiot.

Virginie: If you want to become a real wine specialist, it will take you years of study and a lifetime of experience. The greatest wine lovers are real enthusiasts and are able to recognize a wine just by its color, it's crazy!

Victorien: Without going so far I would at least like to know how not to make a tasteless choice.

Virginie: Well you know, with wine just as with everything else, it's a matter of trends. Some time ago, you would only pick a red wine to go along with cheese, now the latest trend is to drink white wine with cheese. So if you're wrong and the other person is surprised, you can pretend you did it on purpose!

Victorien: I personally like Bourgogne wine, but I'm sure there are some very good Bordeaux.

Virginie: Of course. There are great wines within all the varieties. But the most expensive wine bottles in the world are often Bourgogne! Although some Bordeaux are really sumptuous.

Victorien: So what will we drink?

Virginie: Well you ordered venison, it's a strong and probably marinated dish. I took some steamed fish. So one thing is certain: we will not drink the same wine! I'm going to go with a fresh and fruity white, like an Alsatian Pinot Bleu, you should get a wine that fades a little behind your venison, like a red Cahors. We'll order them by the glass if you want.

Victorien: Okay. I trust you. And for once I want to try white wine with cheese!

48

PARLER AU BÉBÉ

-

BABY TALK

Josette : Tiens, prends le bébé deux minutes…

Armand : Et qu'est-ce que tu veux que je lui raconte?

Josette : Ce que tu veux. C'est un bébé ! Tu peux bien lui parler de football ou de politique, il ne fera pas la différence.

Armand : Je ne sais pas parler bébé !

Josette : Oh, mais grand nigaud, on ne t'a pas demandé de lui lire du Molière ! N'importe quel son ira, ce n'est quand même pas si compliqué !

Armand : Areuh areuh areuh…

Josette : Là effectivement tu es basique.

Armand : Et quoi? Tu m'as dit qu'il ne comprenait rien !

Josette : C'est vrai. À cet âge, il se contente de lire tes expressions faciales. Alors, contente-toi de lui sourire en exagérant tes expressions.

Armand : Je ne suis pas un clown…

Josette : Ça, c'est toi qui le dis. Raconte-lui l'histoire des trois petits cochons. Celle-là, tu dois la connaître. Et applique toi sur les sons et les intonations. Mais pas trop fort. Ne lui hurles pas dans les oreilles c'est fragile.

Armand : Dis donc pour un langage basique, facile et instinctif, c'est vraiment bien compliqué de parler le bébé !

BABY TALK

Josette: Here, hold the baby two minutes...

Armand: And what do you want me to tell him?

Josette: Anything. It's a baby! You can talk to him about football or politics, he will not make a difference.

Armand: I don't know how to speak baby talk!

Josette: Oh, you fool, just make some sounds, we did not ask you to read him some Molière! Whatever noise you can make will be acceptable, it's not that complicated!

Armand: Boo boo boo...

Josette: You're indeed being quite basic in your approach.

Armand: So what? You told me he did not understand anything!

Josette: That's right. At this age, he just reads your facial expressions. So, just smile at him and exaggerate your expressions.

Armand: I'm not a clown...

Josette: Says you. Tell him the story of the three little pigs. I'm sure you know it. And take the time when making the sounds and intonations. But don't be too loud. Do not yell in his ears they are fragile.

Armand: For a basic, easy and instinctive language, it's really complicated to speak baby talk!

49

BULLETIN MÉTÉO
-
WEATHER REPORT

Présentatrice météo : Aujourd'hui, dans le nord de la France, de nombreuses averses. À Paris, quelques nuages, mais pas d'orages...

Alain : Il ne fait pas beau dans notre région.

Présentatrice météo : Dans l'est de la France, il fera froid avec des températures en dessous des moyennes de saison. Le ciel restera toutefois dégagé.

Alain : Il fait très froid chez ton frère même avec un temps ensoleillé.

Présentatrice météo : Dans l'ouest de la France, en Bretagne, pas de surprise, c'est une pluie portée par un anticyclone et des vents forts qui balaieront le territoire.

Alain : Les Bretons ont de la pluie et des vagues, comme d'habitude.

Présentatrice météo : Sur le quart sud-ouest, il fera un temps ensoleillé, mais les températures resteront fraîches.

Alain : Ah, à Toulouse il va falloir rentrer les barbecues.

Présentatrice météo : Dans le sud-est, un grand soleil illuminera la fin de semaine, malgré quelques rafales de mistral.

Alain : Et puis à Nice comme d'habitude, c'est la belle vie.

Présentatrice météo : Il fera beau sur le Massif central, les Pyrénées et les Alpes ou de timides chutes de neige sont attendues au-dessus de 2000 mètres.

Alain : C'est trop tôt pour partir faire du ski.

Femme d'Alain : Chéri j'adore ton résumé du bulletin météo. Rapide, simple, efficace.

WEATHER REPORT

The weather lady: Today, in the North of France, many downpours. In Paris, some clouds, but no storms...

Alain: The weather is not very nice in this region.

The weather lady: In the east, it will be cold with temperatures below the seasonal averages. The sky will remain clear.

Alain: It's freezing at your brother's house even with sunny weather.

The weather lady: In the west of France, in Brittany, no surprise, heavy rains carried by an anticyclone and strong winds that sweep the territory.

Alain: The Britons will enjoy rain as well as waves, as usual.

The weather lady: On the southwest quarter, it will be sunny, but the temperatures will remain low.

Alain: Ah, in Toulouse they can forget about summer grilling.

The weather lady: In the southeast, a great sun will brighten the end of the week, despite a few bursts of mistral.

Alain: Well in Nice as usual, it's the good life.

The weather lady: The weather will be enjoyable in the Massif Central, the Pyrenees and the Alps where light snowfalls are expected above 2000 meters.

Alain: It's too early to go skiing.

Alain's wife: Honey, I love your summary of the weather report. Fast, simple, efficient.

50

ÉLECTROMÉNAGER

-

HOME APPLIANCE

Marlène : Ce sont les soldes au magasin d'électroménager en ce moment. On devrait aller y faire un tour.

Gabin : Pour quoi faire ? Nous avons tout ce qu'il nous faut !

Marlène : Oui, mais ce sont les liquidations avant travaux, il y a de bonnes affaires à saisir. Ce serait dommage de les rater.

Gabin : Tu ne veux quand même pas qu'on achète deux lave-vaisselles seulement afin de ne pas rater une bonne affaire !

Marlène : Et pourquoi pas ?

Gabin : Oh je t'en prie, il n'a même pas un an !

Marlène : Tu as entendu parler de l'obsolescence programmée ?

Gabin : Et toi, as-tu entendu parler de la fièvre acheteuse ?

Marlène : De toute façon un nouveau grille-pain serait le bienvenu.

Gabin : Le nôtre n'est pas bien ?

Marlène : Il ne grille que 2 toasts à la fois. J'en voudrais un qui en grille 3 à la fois.

Gabin : Effectivement ça change tout.

Marlène : Et il nous faudrait un aspirateur pour le premier étage. J'ai mal au dos à force de promener celui que nous avons depuis le rez-de-chaussée.

Gabin : De toute façon tu as décidé d'y aller alors je n'ai pas le choix. J'espère au moins qu'ils ont des rasoirs électriques.

Marlène : Pour quoi faire ? Les rasoirs mécaniques ne sont plus assez bons pour toi ?

HOME APPLIANCE

Marlène : There are sales at the home appliance store right now. We should go.

Gabin: What for? We have everything we need!

Marlène : Yes, but it's a clearance sale before renovations, there are great deals to be made. It would be a shame to miss them.

Gabin: Do you really want to buy two dishwashers just for the sake of not missing a bargain!

Marlène : And why not?

Gabin: Oh please, ours is not even a year old!

Marlène : Have you ever heard about planned obsolescence?

Gabin: And have you ever heard about shopping frenzies?

Marlène : Anyway a new toaster would be fun.

Gabin: Is ours broken?

Marlène : It only handles 2 toasts. I would like one that can handle 3 at a time.

Gabin: Sure, it changes everything.

Marlène: And we need a vacuum cleaner for the first floor. My back hurts from using the one we have on the ground floor.

Gabin: Anyway you've decided to go there so I have no choice. I hope at the very least that they have electric razors.

Marlène: What for? Mechanical razors are not good enough for you?

51

CHEZ LE MÉDECIN

-

AT THE DOCTOR'S OFFICE

Alex : Je ne savais pas que la salle d'attente était aussi remplie. Les gens profitent certainement de ce jour de congé pour se faire ausculter.

Patricia : C'est personnellement mon cas ; je travaille toute la semaine et je suis uniquement libre le samedi.

Alex : J'espère que mes résultats sont positifs, car j'ai suivi à la lettre le traitement prescrit par le médecin.

Patricia : Tu ne devrais pas te faire de souci, j'ai confiance en son traitement. D'ailleurs, tu le sais très bien puisque c'est notre médecin depuis toujours.

Alex : Oui, tu as raison. Penses-tu que le docteur prendra bientôt sa retraite?

Patricia : Médecin un jour, médecin toujours.

Alex : Je me demande comment je ferais si cela devait bientôt arriver.

Patricia : Reste positif Alex ! Je suis sûre qu'il a déjà préparé sa relève.

Alex : Je suis tellement habitué aux traitements du docteur que cette pensée m'angoisse. Je ne me vois vraiment pas me faire traiter par quelqu'un d'autre.

Patricia : Tu te fais du souci pour rien. Je te propose d'en parler au médecin.

AT THE DOCTOR'S OFFICE

Alex: I didn't know that the waiting room would be so full. People are certainly taking advantage of their day off to get checked.

Patricia: That's why I'm here. The only free time I have is on Saturday.

Alex: I hope that my results are good because I have followed the doctor's orders to the letter.

Patricia: You should not worry. I trust his treatment. Furthermore, you know it well; he has been our doctor forever.

Alex: Yes, you are right. Do you think he will retire in the near future?

Patricia: Once a doctor, always a doctor dear.

Alex: I wonder what I will do if that happens soon.

Patricia: Stay positive Alex. I am sure that he has prepared his succession already.

Alex: I am so used to his treatments that this idea worries me. I really cannot see myself being treated by anyone else.

Patricia: You worry for nothing. I suggest you talk about it to the doctor.

52

ÉCOLOGIE

-

ECOLOGY

Jacques : Alors Fred, que penses-tu de la nouvelle autoroute en construction ?

Fred : Oh ! Tu me connais, je suis un petit vieux et les constructions qui ne s'arrêtent jamais, ça m'énerve !

Jacques : Mais c'est le mieux à faire ! Aux heures de pointe, en ville par exemple, tu perds beaucoup de temps dans les bouchons.

Fred : je trouve que qu'il est plus sage de sortir plus tôt que de détruire cette belle nature.

Jacques : Concernant la nature, je suis tout à fait d'accord. La construction de cette autoroute aura un impact direct sur la faune et la flore.

Fred : Oui, certainement. De plus, la quantité de véhicules qui y passeront tous les jours aura un impact direct sur le paysage à proximité.

Jacques : Penses-tu qu'il y aurait d'autres solutions pour améliorer le transport ?

Fred : Autre que de détruire la nature, je dirais oui !

Jacques : Le comble dans toute cette histoire c'est que c'est une autoroute à péage.

Fred : Je trouve que l'idée est bonne. Ce concept découragera certains automobilistes d'utiliser l'autoroute.

Jacques : Tu rigoles j'espère ! Premièrement, cette idée de construction n'était pas la mienne, et deuxièmement je dois payer pour l'utilisation de cette route.

Fred : Ah mon cher Jacques, c'est mon opinion, ne voulais-tu pas une réponse honnête à ta question?

Jacques : Heureusement que tu n'es pas politicien Fred, je ne t'aurais jamais accordé mon vote.

ECOLOGY

Jacques: So Fred, what do you think about the new highway being built?

Fred: Oh! You know me, I am old and never ending construction projects never... They get on my nerves!

Jacques: But it's for the best! During peak hours, in the city for example, you lose a lot of time in traffic.

Fred: I think that it is wiser to leave earlier rather than to destroy this beautiful environment.

Jacques: Regarding the habitat, I completely agree with you. The construction of this highway will have a direct impact on the fauna and flora.

Fred: Yes, certainly. Furthermore, the number of vehicles that will go through every day will directly impact the surroundings.

Jacques: Do you think there are other solutions to improve transportation?

Fred: Other than destroying nature, I would say yes!

Jacques: The irony in all that is it will be is a toll highway.

Fred: I think that the idea is good. This concept will discourage some drivers from using the highway.

Jacques: You're joking I hope! For one, this idea was not mine, and I have to pay to use it.

Fred: Oh my dear Jacques, it's my opinion, didn't you want an honest answer to your question?

Jacques: Thankfully you're not a politician Fred, you would have never had my vote.

53

APPELER AU SECOURS

-

CALLING FOR HELP

Charlotte : J'ai des douleurs au ventre, au niveau de l'estomac.

La maman : Veux-tu un peu d'eau ma chérie ?

Charlotte : En fait, je ne suis pas si sûre que ce soit à l'estomac.

La maman : As-tu mal en permanence ? Comment est la douleur ?

Charlotte : C'est une douleur aiguë maman, emmène-moi chez le médecin, s'il te plaît.

La maman : Ah mince ! Ton père est sorti avec la voiture !

Charlotte : Peux-tu l'appeler ?

La maman : Il ne décroche pas. Je pense que le mieux serait d'appeler les secours.

Charlotte : Fais vite s'il te plaît, je ne tiens plus cette douleur.

La maman : Bonjour, je suis Madame Dujardin, j'ai besoin d'une ambulance en urgence, car ma fille se tord de douleur.

Les secours : Où êtes-vous, Madame Dujardin ?

La maman : Nous sommes à côté du supermarché. Il vous faut prendre la troisième rue après le feu tricolore.

Les secours : C'est noté Madame Dujardin, nous serons là dans 10 minutes. Je vous prie de ne pas donner de médicaments à votre fille. Vous devez simplement la rassurer.

La maman : Les secours arrivent ma chérie. Calme-toi et respire.

Charlotte : Oh, maman, je pense que je vais m'évanouir tellement la douleur est insupportable.

La maman : Ils sont là ma chérie, allons-y !

CALLING FOR HELP

Charlotte: My belly hurts, near my stomach.

Mom: Do you want some water, darling?

Charlotte: Actually, I'm not sure it's my stomach.

Mom: Is the pain constant? How is the pain?

Charlotte: It's very acute mom, take me to the doctor, please.

Mom: Oh darn! Your father just left with the car!

Charlotte: Can you call him?

Mom: He is not picking up. I think the best thing would be to call for an ambulance.

Charlotte: Do it quick please, I cannot take this pain anymore.

Mom: Hello, this is Mrs. Dujardin, I need an ambulance urgently, because my daughter is in a lot of pain.

Rescue Services: What is your location Mrs. Dujardin?

Mom: We are next to the supermarket. You have to take the third street after the traffic light.

Rescue Services: Noted Mrs. Dujardin, we'll be there in 10 minutes. I will ask you not to give anything to your daughter. You just have to reassure her.

Mom: Help is coming, darling. Calm down and breathe.

Charlotte: Oh mom, I think I'm going to faint, the pain is so unbearable.

Mom: They're here darling. Let's go!

54

À LA LIBRAIRIE

-

AT THE BOOK SHOP

François : Oh, ils ont déjà baissé les volets ?

Nancy : Mais il est seulement 17h20.

François : Comment allons-nous faire ?

Nancy : Je vais frapper, ça ne coûte rien. On n'a quand même pas fait tout ce chemin pour rentrer bredouille !

François : Tu as raison, essaies pour voir ?

Nancy: Monsieur, s'il vous plaît, ouvrez-nous !

Libraire : Nous sommes fermés ! Revenez demain.

Nancy : Il n'est pas encore 17h30 !

Libraire : Je vous dis que la librairie est fermée !

Nancy: C'est scandaleux. Vous ne pouvez pas fermer les portes à 17h20 pour empêcher les gens d'entrer.

François : Je vais le signaler à la direction.

Nancy : Je dois absolument prendre un livre aujourd'hui.

François : Essayez de comprendre, Monsieur, que nous avons fait un très long voyage pour acheter un livre ici.

Libraire : Bon d'accord, je vais vous ouvrir.

Nancy : Je voudrais vous acheter la nouvelle édition de la série des « Six Compagnons ».

Libraire : Laissez-moi vérifier si nous l'avons en stock. Voilà, cela vous fera 10 euros, madame.

François : Les voilà !

Nancy : Allons-y, je ne veux plus rester dans cette librairie !

Libraire : A bientôt.

AT THE BOOK SHOP

François: Oh, they've already closed the curtains?

Nancy: But it's only 5:20PM.

François: What are we going to do?

Nancy: I'm going to knock. It doesn't cost anything. We didn't come all this way to go back empty-handed!

François: You are right. Let's try and see?

Nancy: Sir, please open!

Bookseller: We're closed! Come back tomorrow.

Nancy: How come, tomorrow? It's not yet 5:30!

Bookseller: I'm telling you that the book shop is closed!

Nancy: It's outrageous. You cannot close the curtains at 5:20PM to prevent people from coming in.

François: I'll report it to management.

Nancy: Open the door please. I absolutely have to get a book today.

François: Try to understand, sir, we had to take a very long trip to buy this book here.

Bookseller: Okay fine, I'll open for you.

Nancy: I would like to buy the newest edition of the 'Six Compagnons' series, please.

Bookseller: Let me check if we have it in stock. Well, that will be 10 euros please.

François: Here they are!

Nancy: Let's go, I do not want to stay in this book store anymore!

Bookseller: See you soon.

55

PRENDRE L'AVION

-

TAKING A PLANE

Élodie : Bonjour, je voudrais un billet pour Paris, s'il vous plaît.

Agent de voyage : Pas de problème, vous désiriez partir quand?

Élodie : Mercredi 2 mars. J'aimerais partir le matin.

Agent de voyage : Malheureusement, nous n'avons plus de place sur ce vol. Que pensez-vous de vendredi 4 mars?

Élodie : C'est parfait pour vendredi. À quelle heure s'il vous plaît?

Agent de voyage : À onze heures. Aimeriez-vous voyager en première classe ou classe affaires?

Élodie : En classe affaires. Est-il possible de bénéficier d'une réduction?

Agent de voyage : Malheureusement non, pas à cette période madame. Pour cela il vous faudrait voyager en fin d'année. Les tarifs sont plus intéressants.

Élodie : Merci du conseil.

Agent de voyage : Voici votre billet, cela vous fera 532 euros.

Élodie : Proposez-vous des services de transport par taxi, s'il vous plaît?

Agent de voyage : Oui, pour les taxis, je vous prie de vous renseigner au guichet suivant.

Élodie : Oh, je vois qu'il y a une erreur sur le billet. Il y est inscrit 3 heures pour le vol.

Agent de voyage : Patientez, s'il vous plaît, je vais vérifier cela. Tenez, voilà le bon billet. Veuillez nous excuser, je vous souhaite un très bon voyage.

Élodie : Merci et à bientôt

TAKING A PLANE

Elodie: Hello, I would like a ticket to Paris please.

Travel agent: No problem, when are you leaving?

Elodie: Next Wednesday, March 2nd. I'd like to leave in the morning.

Travel agent: Unfortunately, this flight is fully booked. How about March 4th?

Elodie: Friday perfect. At what time please?

Travel agent: 11AM. Would you like to travel in first or in business class?

Elodie: In business. Do you have any potential discounts?

Travel agent: No, not at this period madam. You would need to travel during holiday season. The fares are better then.

Elodie: Thank you for your advice.

Travel agent: Here's your ticket, that'll be 532 Euros.

Elodie: Do you offer taxi services as well?

Travel agent: Yes, for taxis, please check the next counter.

Elodie: Oh, I see there's a mistake on the ticket. It says the flight lasts 3 hours.

Travel agent: Please wait, let me check. Here's the correct ticket. Accept my apologies, I wish you a very good trip.

Elodie: Thank you and see you soon.

56

QUEL ÂGE AVEZ-VOUS?

-

HOW OLD ARE YOU?

Martine : Grand-père, tu as beaucoup de cheveux blancs.

Grand-père : Oh chérie, tu sais grand-père est vieux maintenant.

Martine : Oui, et un jour je serai comme toi.

Grand-père : Quand j'avais ton âge, je ne pensais pas au jour où je serais une personne âgée, je ne pensais qu'à jouer du matin au soir.

Martine : À quoi jouais-tu grand-père?

Grand-père : À tout et à rien. Être avec mes amis était ce qui comptait le plus.

Martine : Et quel âge as-tu maintenant?

Grand-père : Tu sais, l'âge ne compte pas quand on a vécu une longue vie heureuse. J'avais 20 ans quand j'ai rencontré ta grand-mère, et depuis je ne compte plus les années.

Martine : Personellement je ne crois pas que je vais rencontrer l'amour à 20 ans.

Grand-père : Ma petite, tu n'as que 14 ans! Tout peut encore arriver!

Martine : Oui grand-père, mais les temps changent. Qui se marie encore à 20 ans aujourd'hui?

Grand-père : Tu as raison, mais malgré cela fais moi confiance, après tout à mon âge je pense en savoir un peu plus que toi.

Martine : Cela t'étonnerait quand même que je t'annonce mon mariage d'ici 5 ans.

Grand-père : On ferait mieux de parler de tes 15 ans! Qu'as-tu prévu pour fêter cela?

Martine : Oh, juste une fête avec les copains.

Grand-père : Tu n'invites pas ton petit vieux?

HOW OLD ARE YOU?

Martine: Grandpa, you've got a lot of white hair.

Grandfather: Oh honey, you know grandpa is old now.

Martine: Yes, and one day I'll be just like you.

Grandfather: When I was your age, I didn't think about the day I would be an old person, I only thought about playing from dawn to dusk.

Martine: What games did you play grandpa?

Grandfather: Anything and everything. Being with friends was what counted the most.

Martine: And how old are you now?

Grandfather: You know; age does not count when you've had a happy life. I was 20 when I met your grandmother, and I haven't counted the years since.

Martine: Personally, I don't think I will find love at 20.

Grandfather: Darling, you're only 14. Anything could happen!

Martine: Yes, grandpa, but times have changed. Who gets married at 20 nowadays?

Grandfather: You're right kiddo, but still, trust me. With my age I think I know a few more things than you do.

Martine: You would certainly be surprised if I announced to you my wedding date within the next five years.

Grandfather: We'd better talk about your 15th birthday. What are you planning to do to celebrate it?

Martine: Oh, just a little party with friends.

Grandfather: Are you not inviting your granpa?

57

CHEZ LE COIFFEUR

-

AT THE HAIRDRESSER

Victoria : Bonjour Thomas, je désire me faire couper les cheveux, pouvez-vous me recevoir maintenant ?

Thomas : Bonjour, Victoria, bien sûr, j'ai toujours de la place pour mes fidèles clientes. Je termine avec cette demoiselle et je serai à vous dans 10 minutes.

Victoria : Parfait.

Thomas : Voilà Victoria, vous pouvez vous installer ici. Alors qu'est-ce qui vous amène aujourd'hui ?

Victoria : Je veux des cheveux plus courts, semblable à une coupe au carré.

Thomas : Oui, je peux aussi vous proposer une décoloration, pour changer la couleur de vos cheveux. Que pensez-vous du blond ?

Victoria : Non, vous connaissez Georges mon mari ! Je ne crois pas qu'il aimerait cela ! Peut-être des cheveux bouclés pour changer ?

Thomas : C'est une bonne idée. Si vous ne voulez plus des cheveux raides, mon assistante peut vous faire une permanente. Ce serait joli avec votre visage ovale.

Victoria : Oui, c'est d'accord Thomas. Mais je suis légèrement pressée. Georges doit venir me chercher ici dans deux heures.

Thomas : Ah ! Vous n'avez plus votre voiture ?

Victoria : Si, mais comme je suis fatiguée, j'ai préféré demander à Georges d'être mon chauffeur aujourd'hui.

Thomas : Très bien. Dans ce cas, commençons tout de suite.

Victoria : J'ai hâte !

Thomas (à son assistante) : Peux-tu apporter la brosse, le peigne et les ciseaux, s'il te plaît? Victoria, je vous prie, pouvez-vous à présent vous asseoir sur ce fauteuil?

Victoria :   Oh, je me sens déjà dans des nuages.

Thomas :   L'eau est-elle trop chaude ou froide?

Victoria :   Non elle est tiède, c'est parfait.

AT THE HAIRDRESSER

Victoria: Hi Thomas, I would like to get a haircut today, are you free right now?

Thomas: Hello Victoria, of course, I always have time for my loyal clients. I'm just finishing up with this lady and I'll be yours in 10 minutes.

Victoria: Perfect.

Thomas: Here Victoria, you can seat down here. So, what brings you here today?

Victoria: I want to have shorter hair, akin to a bob haircut.

Thomas: Yes, I can also suggest bleaching them, to change their color. Any thoughts on becoming blonde?

Victoria: No, you know my husband Georges! I don't think he would like that! Maybe curly hair for a change?

Thomas: It's a good idea. If you don't want straight hair anymore, my assistant can do a perm. It would be nice with your oval face.

Victoria: Yes, it's OK Thomas. But I am a little bit in a hurry. Georges is picking me up here in two hours.

Thomas: Oh! You don't have a car anymore?

Victoria: Yes, but as I am tired I asked him to take me around today.

Thomas: Very well. In that case, let's start immediately.

Victoria: I can't wait!

Thomas (to his assistant): Can you bring the brush, the comb and the scissors please? Victoria, can you please sit down on this chair?

Victoria: Oh I already feel relaxed.

Thomas: Is the water too hot or cold?

Victoria: No it's warm, it's perfect.

58

LES SUPPORTERS

-

FOOTBALL FANS

Sandra : 1 500 000 euros pour un transfert? Te rends-tu compte? Tout ça pour taper dans un ballon?

Didier : Oui, mais c'est pour le meilleur joueur du monde.

Sandra : Meilleur joueur ou pas, je trouve cette somme obscène.

Didier : Tu exagères, le football est un business comme un autre. C'est normal que les sommes atteignent des sommets quand l'enjeu est important.

Sandra : Mais attends! Il va être payé par son club 900 000 euros par mois? On a l'air malin avec notre mois à 2500 euros.

Didier : Tu ne vas pas comparer ton salaire avec celui d'un sportif quand même.

Sandra : Mais pourquoi pas? Le travail c'est le travail.

Didier : Parce que toi, si tu tapes dans un ballon, personne ne viendrait te voir.

Sandra : C'est ça, moque-toi de moi, et tu verras qui t'accompagnera au match ce soir.

Didier : Oh ma chérie! Tu sais très bien que j'adore rigoler.

Sandra : Bon à quelle heure passes-tu me prendre?

Didier : À 18 heures pile. Je n'ai pas envie d'être bloqué dans les embouteillages. En tant que fan, je dois arriver en avance.

Sandra : Tu as bien raison, moi ce qui m'inquiète c'est l'emplacement de nos sièges.

Didier : Oh, ne te fais pas de souci, j'ai pensé à tout. J'ai des billets pour des places VIP.

FOOTBALL FANS

Sandra: 1,500,000 Euros for a transfer? Can you believe it? All that just to kick a ball?

Didier: Yes, but it's for the world's best player.

Sandra: Best player or not, I find this amount obscene.

Didier: You're exaggerating; football is a business like any other. It's normal that the numbers go that high when there is so much at stake.

Sandra: But hold on! He's going to be paid 900,000 Euros per month? We look smart with our 2,500 Euros per month.

Didier: You're not going to compare your wages with that of an athlete, are you?

Sandra: But why not? A job is a job.

Didier: Because if you kick a ball, no one would come to see you.

Sandra: Yeah right, keep making jokes at my expense, you'll see who's going to accompany you to the game tonight.

Didier: Oh sweetheart, you know I like to tease you.

Sandra: OK at what time are you picking me up?

Didier: 6 p.m. sharp. I don't want to get stuck in traffic. As a fan, I have to be there early.

Sandra: You're right, but what worries me is the location of our seats.

Didier: Oh, don't worry. I've thought about everything. I have VIP seats.

59

LES ANIMAUX SAUVAGES

-

WILD ANIMALS

Angélique : Tu sais, ma maman fait souvent des rêves bizarres.

Christophe : Ah oui, lesquels?

Angélique : Dans ses rêves, il y a tout le temps une meute de loups qui la poursuit. Et quand ce ne sont pas les loups, ce sont des lions.

Christophe : Ah oui? Tu as une idée de la raison pour laquelle elle fait constamment ces rêves?

Angélique : Je pense qu'elle est tellement fascinée par les animaux sauvages, en particulier les loups et les lions, que ces animaux sont logés dans son subconscient.

Christophe : Je vois. Cela serait une bonne explication. Il faut dire que ces animaux sauvages sont impressionnants.

Angélique : Oui, tellement impressionnants que ces animaux inspirent souvent la crainte. Au point où ils en sont même jugés dangereux, ce qui n'est pas tout le temps vrai.

Christophe : Je suis d'accord avec toi. Mais d'un autre côté, as-tu entendu parler des lions mangeurs d'hommes?

Angélique : Oui, mais si l'Homme n'avait pas empiété sur son territoire, les lions n'auraient pas été si dangereux.

Christophe : Je suppose que tu as encore raison. Quelle est donc la solution pour qu'il y ait une harmonie entre l'Homme et l'animal?

Angélique : Je pense qu'il faudrait tout d'abord apprendre à les connaître et à les respecter, et ensuite les protéger des dangers que l'Homme pose pour eux.

Christophe : Mais dis donc! Tu es une championne des droits des animaux, toi. Tu devrais en faire ton métier.

Angélique : J'y ai certainement pensé.

Christophe : J'espère juste que les braconniers ne croisent jamais ta route.

Angélique : Je serai leur pire cauchemar !

WILD ANIMALS

Angélique: You know; mom always has strange dreams.

Christophe: Oh yeah, like what?

Angélique: In her dreams, there is always a pack of wolves running after her. And when they're not wolves, they're lions.

Christophe: Really? Do you have any idea why she constantly has those dreams?

Angélique: I think that she is so fascinated by wild animals, especially wolves and lions, that they have become lodged in her subconscious.

Christophe: I see. That would be a good explanation. I have to say that these wild animals are impressive.

Angélique: Yes, so impressive that sometimes they inspire fear. To the point where they are even considered dangerous, which is not always the case.

Christophe: I agree with you. But on the other hand, have you heard of the man-eating lion?

Angélique: Yes, but if Man had not trespass on their territory, the lions would not have become so dangerous.

Christophe: I suppose that you are right again. What is then the solution to have harmony between Man and other animals?

Angélique: I think that first of all, we need to get to know them and respect them, and then protect them from the dangers that human beings pose.

Christophe: Well then! You are a champion of animal rights, you! You should make a living out of it.

Angélique: I have certainly given it some thought.

Christophe: I hope that the poachers never meet you.

Angélique: I will be their worst nightmare!

60

CUEILLETTE DE CHAMPIGNONS

-

PICKING MUSHROOMS

Martine : Tiens regarde, voilà l'organisme dont je t'ai parlé.

Aurélien : Ah ! « Au cœur d'un champignon » ?

Martine : Exact. Tu y as pensé ? Je crois fermement que tu dois rejoindre cet organisme. Les champignons te fascinent tellement.

Aurélien : Oui, mais comment faire ?

Martine : Je te propose de les appeler, il y a un numéro sur la fiche.

Aurélien : Donc cet organisme connecte les propriétaires de plants de champignons avec des bénévoles qui s'assurent que ces belles plantes ne soient pas gaspillées.

Martine : Voilà ! En tant qu'expert, tu auras une chance de prendre le rôle de leader dans ton quartier.

Aurélien : Je me vois déjà rencontrer des gens qui me sont similaires, passionnés par la cueillette de champignons ainsi que la sécurité alimentaire.

Martine : Oh regarde ! Tu peux même t'inscrire à une session de formation pour apprendre à distinguer les champignons et à les cueillir correctement.

Aurélien : C'est super tout ça ! Je me sens déjà prêt pour la prochaine cueillette.

Martine : Tu te souviens de la dernière cueillette ?

Aurélien : Comment oublier, j'ai encore le parfum des bois aux narines.

Martine : Toi accompagné de tes boîtes et tes gants, quelle vue !

Aurélien : Tu me connais, les champignons c'est ma passion, et la cueillette c'est un moment de plaisir. Tout ça me donne faim. Ça te dit une bonne quiche aux champignons ?

Martine : Oui, mais à condition que tu la fasses toi-même !

PICKING MUSHROOMS

Martine: Here, look. That's the organization I spoke to you about.

Aurélien: Oh! 'At the heart of a mushroom'?

Martine: Exactly. Have you thought about it? I firmly believe you should join this organization. You are so fascinated by mushrooms.

Aurélien: Yes, but how?

Martine: I suggest you call them. There is a phone number on the flyer.

Aurélien: So, this organization connects mushroom owners with volunteers who make sure these beautiful plants do not go to waste.

Martine: There! As an expert, you'll get the opportunity to take on a leadership position in your neighborhood.

Aurélien: I can already see myself meeting people just like me, passionate about mushroom picking as well as food safety.

Martine: Oh look! You can even register for a training session on how to distinguish mushrooms and pick them correctly.

Aurélien: All of that is great. I already feel ready for the next harvest.

Martine: Do you remember the last one?

Aurélien: How could I forget? I still have the scent of the woods in my nostrils.

Martine: You with your boxes and gloves, what a sight!

Aurélien: You know me, I am passionate about mushrooms, and mushroom picking is a moment I enjoy. All that makes me hungry. What do you think about having a good mushroom quiche?

Martine: Yes, but only if you're making it!

61

NON-FUMEUR

-

NO SMOKING

Nelly : Je suis désolée, monsieur, mais vous ne pouvez pas fumer ici.

Roger : Pourtant nous sommes dehors, c'est une terrasse.

Nelly : Il est interdit de fumer sur tout le périmètre de l'établissement.

Roger : Est-ce que je dois aller fumer dans la rue ?

Nelly : Il est également interdit de fumer sur la voie publique en Suisse, monsieur.

Roger : Très bien, j'irai fumer dans le hall de la gare en face.

Nelly : J'ai bien peur que le hall de la gare soit lui aussi non-fumeur.

Roger : Les quais ?

Nelly : Non-fumeurs monsieur.

Roger : Donc il me reste à aller m'enfermer dans ma voiture pour fumer en cachette comme un adolescent, c'est bien cela ?

La femme de Roger : Si tu pouvais éviter de fumer dans la voiture, tu sais que l'odeur me dérange.

NO SMOKING

Nelly: I'm sorry, sir, but you can't smoke here.

Roger: But we are outside, it's a terrace.

Nelly: It is forbidden to smoke anywhere on the premises.

Roger: Am I going to smoke in the street then?

Nelly: It is also forbidden to smoke on public roads in Switzerland, sir.

Roger: All right, I'll go smoke in the lobby of the train station on the other side of the street.

Nelly: I'm afraid the train station hall is non-smoking.

Roger: The docks?

Nelly: Non-smoker sir.

Roger: So I have to go lock myself in my car to smoke in hiding, just like a teenager, is that it?

Roger's wife: If you could also avoid smoking inside the car, you know the smell bothers me.

62

JEUX DE CARTES

-

CARD GAMES

Philippe : Je m'ennuie. Allons au cinéma.

Laura : Ah non, il n'y a rien d'intéressant au programme en ce moment.

Philippe : Boire un verre en terrasse ?

Laura : Et payer 5 euros pour un café ? Non merci.

Philippe : Pourquoi pas une partie d'échecs ?

Laura : Je suis nulle aux échecs et tu le sais très bien. À chaque fois que nous faisons une partie elle se termine en trois minutes et tu te plains du fait que je n'y comprenne rien.

Philippe : Pourquoi pas utiliser la console de jeu de notre fils puisqu'il est absent ?

Laura : Ne crois-tu pas que nous avons passé l'âge de jouer les barbares ou de faire des courses de voitures sur un écran ?

Philippe : Je sais ! Jouons aux cartes !

Laura : À deux ? Le seul jeu de cartes à deux que je connaisse est la bataille. C'est amusant jusqu'à l'âge de 10 ans la bataille.

Philippe : Poker ?

Laura : Pour un tournoi de Poker il faudrait inviter des amis et ça a tendance à durer longtemps.

Philippe : Belotte ? Tarot ? Rami ?

Laura : Il nous faudrait du monde !

Philippe : Je vais demander aux voisins ! Attends... non... Ils ne savent pas jouer je m'en souviens.

Laura : Moi j'ai bien une idée...

Philippe : Le nain jaune ?

Laura : Non. Ça s'appelle le solitaire et ça se joue tout seul. Je vais te montrer, tu vas voir, c'est facile...

CARD GAMES

Philippe : I'm bored. Let's go to the movies.

Laura: No, there's nothing interesting right now.

Philippe: Have a drink outside on a café terrace?

Laura: And pay 5 euros for a coffee? No thanks.

Philippe: Well then a chess game?

Laura: I'm bad at chess and you know it very well. Every time we play a game, it ends after three minutes and you complain that I do not understand the game.

Philippe: Why wouldn't we use our son's gaming console given that he's not here?

Laura: Don't you think we are a bit old to play barbarians or to race cars on a screen?

Philippe : I know! Let's play cards!

Laura: Just the two of us? Cards games for two... I only know of the "Bataille". It's only fun until you reach age ten.

Philippe: Poker?

Laura: A poker tournament means we have to invite friends over and it will last for hours.

Philippe : Belotte? Tarot? Rami?

Laura: We need people!

Philippe: I'll ask the neighbors! Wait ... no... They do not know how to play I remember that.

Laura: I have an idea...

Philippe: The nain jaune?

Laura: No. It's called solitaire and it's played alone. I'll show you, you'll see, it's easy...

63

LES PARFUMS DE GLACES

-

ICE CREAM FLAVOURS

Le vendeur : Que puis-je vous servir ?

Emma : Je voudrais une glace avec deux boules, dans un cornet en gaufre.

Le vendeur : Quel parfum aimeriez-vous ?

Emma : Fraise, je vous prie.

Le vendeur : Nous avons le parfum fraise des bois ainsi que yaourt à la fraise. Ce sont toutes des glaces de fabrication artisanale, elles sont excellentes.

Emma : Fraise des bois, c'est aussi ma confiture préférée !

Le vendeur : Alors voici une boule fraise des bois. Et quel autre parfum voudriez-vous ?

Emma : J'hésite tout à l'air bon...

Le vendeur : Il y a pistache, menthe, stracciatella, citron, groseille, vanille, praliné, miel, yaourt glacé, Baileys... Il y a plus de trente parfums.

Emma : Avec du chocolat.

Le vendeur : Alors il y a chocolat noir, chocolat au café, chocolat au caramel, stracciatella c'est avec de la crème fraîche et des graines de chocolat, chocolat menthe...

Emma : Chocolat menthe !

Le vendeur : Très bon choix !

ICE CREAM FLAVOURS

The vendor: What would you like me to serve you?

Emma: I'd like an ice cream with two scoops, in a waffle cone.

The vendor: What flavor would you like?

Emma: Strawberry!

The vendor: I have wild strawberries and strawberry yoghurt. These are all homemade ice creams, they are excellent.

Emma: Wild strawberries, it's also my favorite jam!

The vendor: So here is a strawberry scoop. And what other flavor would you like?

Emma: I don't know, everything looks good...

The vendor: Pistachio, mint, stracciatella, lemon, currant, vanilla, pralines, honey, frozen yoghurt, Baileys... There are more than thirty flavors.

Emma: With chocolate.

The vendor: So there is dark chocolate, coffee-flavored chocolate, caramel-flavored chocolate, stracciatella, it is made with fresh cream and chocolate seeds, as well as chocolate mint...

Emma: Mint chocolate!

The vendor: Very good choice!

64

PROGRAMME TV

-

TV PROGRAMS

Raoul : Je n'ai pas regardé le programme. Qu'y a-t-il à la télévision ce soir ?

Diane : En général le vendredi il n'y a rien de très fascinant...

Raoul : J'en ai assez de toujours regarder les mêmes choses. Des films déjà vus cent fois, des émissions de divertissement ridicules, des documentaires mal fichus, des séries américaines...

Diane : Tu as raison, je ne sais vraiment pas pourquoi on continue de payer la redevance télévisuelle.

Raoul : En plus avec toutes ces publicités... On a le droit à cinq minutes de programme pour dix minutes de publicité. Et je suis certain qu'ils raccourcissent les films.

Diane : C'est possible.

Raoul : C'est bien simple, plus nous avons de chaînes de télévision, moins nous avons de programmes intéressants.

Diane : Il faudrait peut-être qu'on s'abonne uniquement aux chaînes d'information, de cinéma et de documentaires.

Raoul : Oui. Ou alors qu'on regarde moins la télévision.

Diane : À vrai dire, je crois que ce serait sans doute la décision la plus sage !

Raoul : Nous restons sur notre canapé à regarder la télévision et ses programmes inintéressants alors que nous pourrions lire un bon livre ou discuter ou aller nous promener... La télévision est un outil fantastique pour perdre son temps.

Diane : Et si nous sortions nous promener ? Nous pourrions emmener les chiens. Ils ne sont pas allés marcher depuis trois jours.

Raoul : Avec plaisir !

TV PROGRAMS

Raoul: I did not watch the listings. What's on TV tonight?

Diane: On Friday there is usually nothing really fascinating...

Raoul: I'm tired of always watching the same things. Movies we have already seen a hundred times, ridiculous entertainment programs, old documentaries, American TV shows...

Diane: You're right, I really do not know why we continue to pay our licence fee.

Raoul: Plus with all these commercials... It's five minutes of program for ten minutes of advertisement. And I'm sure they shorten the movies.

Diane: It's possible.

Raoul: It's very simple, the more television channels we have, the less interesting programs we have.

Diane: Perhaps we should only subscribe to channels specialized in the news, movies and documentaries.

Raoul: Yes. Or watch less television.

Diane: I think it would probably be the wisest decision!

Raoul: We stay on our couch watching TV and uninteresting programs while we could read a good book or chat or go for a walk... Television is a fantastic way to waste our time.

Diane: What if we went out for a walk? We could take the dogs. They have not taken a walk for three days.

Raoul: With pleasure!

65

DRESSAGE CANIN

-

DOG EDUCATION

Suzie : Je vous présente mon chien Titus, il est plein de problèmes. À seulement deux ans, je me dis qu'il est temps d'intervenir.

Dimitri : Bien sûr il n'est jamais trop tard. Quel est son problème ?

Suzie : Il me saute tout le temps dessus, il aboie, il tire sur sa laisse, il mange les meubles, il dort sur les lits...

Dimitri : C'est donc globalement un problème de discipline.

Suzie : Oui. Plus on crie moins il obéit.

Dimitri : Vous devriez dans un premier temps arrêter de crier. Cela ne sert pas à grand chose.

Suzie : Il faut bien qu'il comprenne qu'il a fait une bêtise.

Dimitri : Vous savez, un chien fait tout ce que son maître fait. C'est une sorte d'éponge. Si vous êtes stressée, il sera stressé. Si vous criez quand il aboie, il croit que vous aboyez avec lui ! Si vous gesticulez quand il vous saute dessus il croit que vous jouez.

Suzie : Alors qu'est-ce que je dois faire ?

Dimitri : Rien. Simplement, rien. Quand quelqu'un sonne à la porte et qu'il aboie, n'allez pas ouvrir. S'il monte sur le lit, n'allez pas vous coucher. S'il tire sur sa laisse arrêtez-vous de marcher. Il va mettre un certain temps à comprendre, mais ça va finir par rentrer. Il faut qu'il comprenne que rien ne se passe, parce qu'il fait quelque chose de travers. Quand il verra que vous repartez s'il arrête de tirer, il ne tirera plus.

Suzie : C'est si simple que ça ?

Dimitri : Oui. Absolument. Il n'y a pas de mauvais chien. Que de mauvaises méthodes de communication.

Suzie : Je suis très tendue en ce moment il doit le sentir, il est plus excité que d'habitude.

Dimitri : Exactement. Détendez-vous. Apaisez-vous. Il vous suivra. Les chiens sont d'excellents thérapeutes pour ça !

DOG EDUCATION

Suzie: Please meet my dog Titus, he has quite a few problems. He's only two years old, I think it's time to take actions.

Dimitri: Of course it's never too late. What's wrong with him?

Suzie: He's always jumping on me, he barks, pulls on his leash, eats the furniture, sleeps on the beds…

Dimitri: It's globally, a discipline problem then.

Suzie: Yes. The more you shout the less he obeys.

Dimitri: You should first stop shouting at him. This is mostly useless.

Suzie: He must understand that he made a mistake.

Dimitri: You know, a dog does everything his master does. It's a kind of sponge. If you are stressed, he will be stressed. If you shout when he barks, he thinks you're barking with him! If you gesticulate when he jumps on you, he thinks you're playing.

Suzie: So what should I do?

Dimitri: Nothing. Simply, nothing. When someone rings the doorbell and the dog barks, do not open the door. Wait for him to stop. If he gets on the bed, do not go to bed. If he pulls on his leash, stop walking. He will take a while to understand, but it will eventually work. He must understand that nothing is happening because he is doing something wrong. When he sees that you walk again if he stops pulling he will walk at your feet calmly.

Suzie: Is it that simple?

Dimitri: Yes. Absolutely. There is no bad dog. Only bad communication methods.

Suzie: I am very stressed right now and he must feel it; he is more nervous.

Dimitri: Exactly. Relax. Soothe yourself. He will follow you. Dogs are great therapists for that!

66

EN CAS D'URGENCE

-

IN CASE OF EMERGENCY

Samantha : Merci de me confier le bébé. Que dois-je faire en cas d'urgence ?

Robert : Tu as tous les numéros de téléphone utiles sur le frigo. Le mien, celui de mon épouse, les voisins, la police et les services de secours. Je t'ai laissé le téléphone mobile ainsi que le fixe à portée de main, ils sont rechargés. Le bébé dort, il vient de manger normalement tu ne devrais pas l'entendre de la soirée.

Samantha : Est-ce qu'il est changé ?

Robert : Oui ! Il est tout propre ! Les couches et tout ce dont tu as besoin sont à côté de son lit. Il toussait un peu ce matin, mais nous lui avons donné des médicaments. Surveille simplement sa température toutes les heures pendant la soirée. Si elle ne dépasse pas les 38 degrés Celsius tout va bien.

Samantha : Et s'il a de la fièvre ?

Robert : Il y a un médicament sur sa table à langer à administrer en cas de fièvre. Tu peux lui en redonner un en l'écrasant dans un peu d'eau. Mais pas plus d'un.

Samantha : D'accord aucun souci.

Robert : C'est un gentil bébé il ne devrait pas t'ennuyer. Et s'il se réveille et a du mal à dormir, prends-le dans tes bras et marche un peu. En général cela suffit à le rendormir.

Samantha : Je sais faire, j'ai l'habitude.

Robert : Tu as de quoi dîner dans le frigo. Il faudra réchauffer le repas au micro-ondes. Si besoin, tu as des cookies au chocolat dans les placards de la cuisine !

IN CASE OF EMERGENCY

Samantha: Thank you for entrusting me with the baby. What should I do in case of emergency?

Robert: You have all the useful phone numbers on the fridge. Mine, my wife's, the neighbors', the police's and the emergency service's. I left the mobile phone and the house phone closeby, they have been fully charged. The baby is sleeping, he has just eaten, you should not even hear him this whole evening.

Samantha: Has he been changed?

Robert: Yes! All clean! The diapers and everything you will need are next to his bed. He was coughing a little this morning but we gave him some medicine. Just watch his temperature every hour during the evening. If it does not exceed 38 degrees celsius all is well.

Samantha: And if he has a fever?

Robert: There is some medicine on his changing table to give him in case of a fever. You can give him one by crushing it in a little water. But no more than one.

Samantha: Okay, no problem.

Robert: He's a nice baby he should not bother you. And if he wakes up and has trouble sleeping, take him in your arms and walk a little, usually that is enough to make him sleep.

Samantha: I know how to do it.

Robert: You have something to eat in the fridge. Just put it in the microwave. And in case of emergency you have chocolate cookies in the cupboard of the kitchen!

67

RÉSERVER SES VACANCES

-

BOOKING VACATIONS

Christian : Alors, où allons-nous cet été?

Valentine : C'est moi qui ai choisi l'an dernier, à toi de choisir cette année.

Christian : Je préfère que nous décidions ensemble. Mer, ville ou montagne?

Valentine : Ville pour changer?

Christian : Je pensais la même chose. Tu désire visiter un pays en particulier?

Valentine : Nous ne sommes jamais allés en Amérique latine.

Christian : Ni toi ni moi ne parlons espagnol.

Valentine : Pourquoi pas prendre part à un voyage organisé?

Christian : D'accord, j'appelle l'agence.

Valentine : Demande-leur pour quinze jours. C'est loin l'Amérique latine, une semaine pour faire l'aller-retour c'est un peu juste.

Christian : Bonjour, ma femme et moi cherchons un circuit de 15 jours à la découverte des grandes villes d'Amérique latine. Un circuit organisé avec guide serait très bien... Oui... Oui le Mexique !

Valentine : Ah oui très bien le Mexique ! Il fera chaud?

Christian : Ma femme aimerait connaître la température en juillet... Ah très bien, dans ce cas ça ira... L'agence demande si tu veux un circuit avec nuits en hôtel ou chez l'habitant.

Valentine : En hôtel Nous aurions l'air malins chez l'habitant à ne pas savoir quoi leur dire !

Christian : Ma femme préfère en hôtel... Oui je vous écoute... Tour du Mexique en 15 jours, découverte des grandes villes, visites guidées de sites historiques et de monuments, musées d'art Aztèque, en groupe de 25 personnes dans un autobus climatisé, rien à gérer… Ça te convient?

Valentine :   Impeccable ! Comme des rois !

Christian :   Et bien nous allons réserver pour deux personnes s'il vous plaît.

BOOKING VACATIONS

Christian: So where are we going this summer?

Valentine: I chose last year, it's your turn this year.

Christian: I prefer that we decide together. Do you prefer the sea, the city or the mountains?

Valentine: The city for a change?

Christian: I thought the same thing. Are you thinking about a specific country?

Valentine: We have never been to South America.

Christian: Neither you nor I speak Spanish.

Valentine: So let's take part in a guided tour.

Christian: Okay, I am calling the agency.

Valentine: Ask them for a two weeks' tour. South America is quite far, one week to go back and forth is a little short.

Christian: Hello, my wife and I are looking for a 15-days tour to explore the main cities of South America. An organized tour with a guide would be very good... Yes... Yes Mexico!

Valentine: Oh yes very well Mexico! Will it be hot?

Christian: My wife would like to know the temperature in July... Ah very well, in this case it will do just fine... The agency asks if you want a circuit with nights in hotels or in local houses.

Valentine: In a hotel! We would not look smart around Mexicans, not knowing how to communicate with them!

Christian: My wife says in hotels... Yes, I'm listening... A tour of Mexico in 15 days, discovery of the main cities, guided tours of historic sites and monuments, Aztec art museums, in a group of 25 people on a bus with AC, nothing to manage... Does it suit you?

Valentine: Perfect! A trip worthy of kings!

Christian: Well we'll book a trip for two people please.

68

ENTRETIEN D'EMBAUCHE

-

JOB INTERVIEW

Joanne: Bonjour, asseyez-vous s'il vous plait. C'est pour le poste de traducteur, c'est bien cela?

Luc: Oui tout à fait.

Joanne: J'ai votre CV et votre lettre. Vous avez eu 9/10 au test, c'est excellent.

Luc: Merci. Je suis très motivé!

Joanne: C'est ce que nous recherchons. Vous avez une expérience assez courte je vois...

Luc: Oui, mais variée, j'ai travaillé seul et en équipe, et dans différents contextes. Je m'adapte rapidement et j'aime les défis.

Joanne: Pourquoi aimez-vous cet emploi?

Luc: Parce qu'il me permetrait de m'intéresser à de nombreux sujets et d'avoir une grande culture générale, de me familiariser avec plusieurs univers.

Joanne: Et le travail en équipe?

Luc: Je m'intègre bien, mais je préfère travailler au calme dans mon coin.

Joanne: Pourquoi voulez-vous travailler ici?

Luc: J'ai un ancien camarade d'université qui travaille ici et qui m'a dit le plus grand bien de votre agence. Il m'a donné envie de vous rejoindre. Et puis vous avez une très bonne réputation.

Joanne: Vous seriez disponible rapidement?

Luc: Dès demain!

Joanne: Peut-être pas demain, mais la semaine prochaine?

Luc: C'est encore mieux ça me laisse le temps de finir deux projets en cours et de me préparer.

Joanne : Tant mieux, car j'ai le plaisir de vous engager !

JOB INTERVIEW

Joanne: Hello, sit down please. This is for the position of translator, right?

Luc: Yes, absolutely.

Joanne: I have your resume and your application. You got 9/10 on the test, it's excellent.

Luc: Thank you. I'm quite motivated!

Joanne: That's what we're looking for. You have a fairly short experience I see...

Luc: Yes, but diverse, I worked alone and in teams, and in different contexts. I can adapt quickly and I like challenges.

Joanne: Why would you like this position?

Luc: Because it would allow me to investigate many subjects and have a better cultural understanding, it would also allow me to familiarize myself with several fields.

Joanne: How about teamwork?

Luc: I integrate teams quite well, but I prefer to work quietly, by myself.

Joanne: Why do you want to work here?

Luc: I have a former university classmate who works here and who told me quite a few good things about your agency. It made me want to join. And you also have a very good reputation.

Joanne: Would you be available quickly?

Luc: As soon as tomorrow!

Joanne: Maybe not tomorrow, but what about next week?

Luc: It's even better, it gives me the time to finish two ongoing projects and get prepared.

Joanne: Great, I have the pleasure of informing that you are hired!

69

LA PHARMACIE

-

THE PHARMACY

Sam : Bonjour, je voudrais quelque chose pour soigner mon rhume.

Myriam : Quels sont vos symptômes exactement ?

Sam : J'ai mal à la tête, je me sens aussi fatigué.

Myriam : Avez-vous de la fièvre ?

Sam : Non je n'en ai pas.

Myriam : Êtes-vous certain que ce soit un rhume ? Ça peut être un coup de fatigue, un coup de chaud, un problème oculaire... Je vais vous donner de l'aspirine pour commencer, et un peu de phytothérapie pour vous aider à dormir, mais sans autres symptômes je vous suggère de ne pas prendre n'importe quoi.

Sam : Pourrais-je avoir des antibiotiques pour être sûr d'éliminer le virus si c'en est un ?

Myriam : Je suis désolée, mais les antibiotiques c'est uniquement sur ordonnance. Seul votre médecin peut vous en prescrire. Attendez de voir comment votre mal de tête évolue et à ce moment-là prenez rendez-vous chez le médecin.

Sam : Je n'ai pas vraiment le temps d'aller chez le médecin je préfère me soigner seul.

Myriam : Vous avez tort, il ne faut pas plaisanter avec ces choses-là. Surtout concernant les migraines, elles peuvent cacher beaucoup de choses. Vous ne pouvez pas prendre n'importe quel médicament. Vous risquez de vous faire plus de mal que de bien.

Sam : Même les médicaments à base de plantes ?

Myriam : Oui, même les plantes. Elles sont très puissantes. Elles pourraient cacher d'autres symptômes.

Sam : Je l'ignorais. Je vais faire plus attention.

Myriam : Les médicaments sont inutiles sans un bon diagnostic. Pensez-y.

THE PHARMACY

Sam: Hello, I would like something for my cold.

Myriam: What are your symptoms exactly?

Sam: I have headaches; I also feel tired.

Myriam: Any fever?

Sam: No.

Myriam: Are you sure it's a cold? You could simply be exhausted, or suffer from a heat stroke, or even have eye problems... I can give you some aspirin to begin with, and some phytotherapy to help you sleep, but without any other symptoms I would advise you not to take random medicine.

Sam: Could I have antibiotics to be sure to eliminate viruses in case it is one?

Myriam: I'm sorry, but antibiotics are only given with prescription. Only your doctor can prescribe it. Wait to see how your headache is evolving, and then make an appointment with the doctor.

Sam: I do not really have time to go to the doctor I prefer dealing with it myself.

Myriam: Well you shouldn't, this is not something to take lightly. Especially when it comes headaches, as they can hide a lot of things. You shouldn't take just any drug. You risk worsening the situation rather than making it better.

Sam: Even phytotherapeutic drugs?

Myriam: Yes, even those. They are very strong. They could hide other symptoms.

Sam: I did not know it. I will pay more attention.

Myriam: Drugs are useless without a good diagnosis. You should think about it.

70

JOB D'ÉTÉ

-

SUMMER JOB

Patrice : Vous cherchez du travail ?

Mélanie : Oui. Je suis étudiante en médecine et je dois payer mon appartement et mes études. Je suis en vacances pour 3 mois la semaine prochaine et comme je ne pars pas en vacances j'aurais aimé trouver un petit emploi pour l'été, pour mettre un peu d'argent de côté.

Patrice : Et qu'est-ce que vous voudriez faire ? Nous avons plusieurs emplois de disponibles pour les étudiants, mais cela dépend de ce que vous recherchez.

Mélanie : Je ne sais pas trop. Je suis flexible. Je suis disponible à temps plein.

Patrice : Je ne sais pas trop quoi confier à une étudiante en médecine. Je ne vais pas vous faire faire des sandwichs, n'est-ce pas ?

Mélanie : Et pourquoi pas ? J'ai l'habitude de travailler dur.

Patrice : J'ai des postes de garde d'enfant et de maître nageur. Ou de vendeur de bonbons.

Mélanie : Ah et bien écoutez ça tombe bien ! Je suis membre de l'équipe de natation de mon université ! Je nage très bien ! Et de plus j'ai un diplôme de secouriste !

Patrice : Ah mais ça change tout, voilà qui est intéressant. Cet emploi d'été me paraît plus intéressant pour vous que de vous proposer de faire des sandwichs.

Mélanie : C'est certain !

Patrice : Mais attention hein. On ne révise pas ses cours pendant le travail. Vous devrez garder les yeux sur la piscine et surveiller les baigneurs. Et passer de longues heures à rester assise ou à marcher autour du bassin.

Mélanie : Ne vous inquiétez pas je suis sérieuse. Et j'ai l'habitude de rester concentrée.

Patrice : Alors vous êtes engagée. Bienvenue dans l'équipe.

SUMMER JOB

Patrice: You are looking for a job?

Mélanie: Yes. I am a medical student and I have to pay for my apartment and my degree. I'm on vacation for 3 months starting next week and given that I'm not going away, I would have liked to find a summer job, and put some money aside.

Patrice: And what would you like to do? We have several jobs available for students, but it depends on what you are looking for.

Mélanie: I don't really know. I'm flexible. I am available full time.

Patrice: I don't know what to offer to a medical student. I can't make you prepare sandwiches, right?

Mélanie: And why not? I'm used to working hard.

Patrice: Otherwise I have childcare and lifeguarding positions. Or you could be a candy vendor.

Mélanie: Oh really that's great! I am a member of my university's swimming team! I swim very well! And in addition to that, I have a first aid certification!

Patrice: Oh, but that changes everything, that's quite interesting. This summer job seems more fit for you than preparing sandwiches.

Mélanie: That's for sure!

Patrice: But be careful. No schoolwork during the shift. You will have to keep your eyes on the pool and watch the swimmers. And spend long hours sitting or walking around the pool.

Mélanie: Do not worry, I'm serious. And I usually stay focused.

Patrice: So you are hired. Welcome to the team.

71

DÉFAUTS ET QUALITÉS

-

STRENGTHS AND WEAKNESSES

Georges : Toi qui me connais depuis si longtemps, quels sont mes principaux défauts ? C'est une question que l'on m'a posée sur un questionnaire aujourd'hui et je n'ai pas su quoi répondre.

Christine : Des défauts ? Tu es mon père, tu n'en as donc aucun, tu es parfait !

Georges : Tu es gentille ma fille. Bien élevée. Mais plus sérieusement.

Christine : Sérieusement, je dirais que tu as les défauts de tes qualités.

Georges : C'est à dire ?

Christine : Et bien ce qui est une qualité pour certains peut être un défaut pour d'autres.

Georges : Comme quoi ?

Christine : Par exemple ta minutie. Maman trouve que tu es maniaque, moi je te trouve organisé.

Georges : Et quoi d'autre ?

Christine : Tu es parfois exubérant pour certains. Alors que d'autres diront que tu es sociable et amical, sympathiquement extraverti.

Georges : Mais ça peut en énerver certains.

Christine : C'est vrai. Comme moi. Au travail je fais toujours mille choses en même temps. La moitié de mes collègues trouve que je ne suis pas concentrée ni organisée, l'autre me félicite d'être polyvalente et multi tâches.

Georges : En gros les défauts n'existent pas ce n'est qu'une question d'interprétation ?

Christine : Ah non, un menteur sera toujours un menteur.

Georges : Ou un créatif !

Christine : Et un lâche sera toujours un lâche.

Georges : Ou quelqu'un de sage et qui sait prendre du recul.

Christine : Tiens. J'ai trouvé un de tes défauts : tu veux toujours avoir le dernier mot !

STRENGTHS AND WEAKNESSES

Georges: Given that you have known me for so long, what are my main flaws? I was asked this on a questionnaire today and I did not know what to answer.

Christine: Flaws? You are my father, so you don't have any, you are perfect!

Georges: You're kind, daughter. Well educated. But more seriously.

Christine: Seriously, I would say that you have the flaws that go with your qualities.

Georges: Which is to say?

Christine: Well, what is a quality for some may be a flaw to others.

Georges: Like what?

Christine: For example, your thoroughness. Mom thinks you're crazy, I think you're organized.

Georges: And what else?

Christine: You can be perceived as exuberant by some. While others say that you are sociable and friendly, sympathetically outgoing.

Georges: But that can be annoying to some.

Christine: That's right. Take me for example. At work I'm always doing a thousand things at the same time. Half of my colleagues find that I am not focused or organized, the other half congratulates me for being versatile and able to multitask.

Georges: Basically the concept of having flaws do not exist, it is only a question of interpretation?

Christine: Oh no, a liar will always be a liar.

Georges: Or a creative thinker!

Christine: And a coward will always be a coward.

Georges: Or someone wise, who can take a step back to assess the situation.

Christine: Here. I finally found one of your flaws: you always want to have the last word!

72

LA LISTE DE COURSE

-

THE SHOPPING LIST

Thierry : Bon, j'ai le caddie. Qu'est-ce qu'il nous faut ?

Marion : Un peu de tout.

Thierry : D'accord, mais est-ce que tu pourrais être plus précise, parce que là on va y passer la journée ? Et il y a plus intéressant qu'un supermarché pour passer son samedi.

Marion : Il nous faut du lait, des épices, des fournitures scolaires, des fruits et légumes, du pain, des produits surgelés, de la viande, du fromage, des croquettes pour le chat…

Thierry : OK. Tu as fait une liste. On peut la partager en deux.

Marion : Oui, mais tout est mélangé. Je n'ai pas trié par rayons.

Thierry : Il faut impérativement qu'on mette au point une méthodologie pour faire les courses. Toi et moi on déteste ça, mais ça nous prend toujours autant de temps. Je vais créer un tableau Excel et organiser les courses par thèmes.

Marion : C'est ça. Très pratique à coller sur le frigo, un tableau Excel…

Thierry : Tu as une meilleure solution ? Parce que sinon la prochaine fois que nous allons faire les courses je mets mes baskets. As-tu une idée des kilomètres que nous parcourons dans les rayons et entre les allées ? Pour aller chercher du sucre il faut déjà traverser tout le supermarché c'est ridicule.

Marion : Tu sais, nous ne sommes pas très malins dans le fond. Il y aurait une façon beaucoup plus simple de procéder.

Thierry : Laquelle ?

Marion : Ma sœur a une application sur son téléphone, directement reliée à son supermarché. À chaque fois qu'elle y pense, elle ajoute un produit à acheter sur l'appli en un clic, et à la fin elle n'a plus qu'à cliquer sur «

Commander » et à aller chercher tout cela au Drive !

Thierry : Depuis le temps que je dis qu'il faut qu'on s'y mette !

Marion : En plus elle fait beaucoup d'économies.

Thierry : C'est sûr : elle n'est pas tentée par les rayons et toutes ces offres spéciales. Elle n'achète que ce dont elle a besoin.

Marion : Oui, mais elle ne peut pas choisir ses tomates. Moi j'aime bien choisir mes tomates.

THE SHOPPING LIST

Thierry: Fine, I have the shopping cart. What do we need?

Marion: A little bit of everything.

Thierry: OK, but could you be more specific? Because we're going to spend the day here. And there are more interesting things to do on a Saturday than spending the day in a supermarket.

Marion: We need milk, spices, school supplies, fruits and vegetables, bread, frozen foods, meat, cheese, kibble for the cat...

Thierry: Ok. You made a list. We can divide it in two.

Marion: Yes, but everything is mixed up. I did not sort it by departments.

Thierry: It is imperative that we develop a methodology for grocery shopping. You and I both hate it, but it always takes up so much of our time. I will create an Excel table with the groceries list organized by aisles.

Marion: Sure. It's very practical to stick an Excel table on the fridge ...

Thierry: Do you have a better solution? Because if not, the next time we go shopping I will put on my sneakers. Do you have an idea of the number of kilometers we travel in the midst of shelves and between aisles? To get some sugar you must walk across the entire supermarket, it's ridiculous.

Marion: You know, we're not very clever after all. There would be a much simpler way to proceed.

Thierry: Which one?

Marion: My sister has an app on her phone, directly connected to her supermarket. Whenever she thinks about it, she adds a product on the app in one click, and when she's finished she just has to click on 'Order' and get it all at the drive-thru!

Thierry: I have been telling you that we should do that for so long!

Marion: In addition, she saves a lot of money.

Thierry: Sure: she is not tempted by the shelves and all those special offers. She only buys what she needs.

Marion: Yes, but she cannot choose her tomatoes. I personally like choosing my tomatoes.

73

CRÉER UN COMPTE EN LIGNE

-

CREATING AN ONLINE ACCOUNT

Mathieu : Alors comment faire pour commander ?

Sylvie : Tu dois créer un compte en ligne. Commences par cliquer sur « Créer un compte ».

Mathieu : On me demande mon adresse email, facile. Quel mot de passe choisir?

Sylvie : Celui que tu veux, mais choisis-en un facile à retenir.

Mathieu : Nous1234. Facile à retenir.

Sylvie : Remplis les informations maintenant. Nom, adresse, téléphone...

Mathieu : C'est quoi notre téléphone déjà ?

Sylvie : 06 57 84 51 49

Mathieu : C'est fait. Maintenant il me demande de vérifier mon adresse email. Ça veut dire quoi ?

Sylvie : Tu as dû recevoir un email de confirmation. Il faut que tu cliques dessus.

Mathieu : C'est fait.

Sylvie : Maintenant, télécharges ta photo. Tu n'as qu'à mettre celle que tu utilises partout.

Mathieu : Fait. C'est fini ?

Sylvie : Non tu dois encore définir tes préférences. Par exemple si tu désires recevoir la newsletter, et indiquer quel genre d'articles t'intéressent.

Mathieu : Je te signale que ça fait 15 minutes que je crée mon compte et que je n'ai pas encore pu passer ma commande.

Sylvie : Je sais, mais c'est comme ça. La prochaine fois que tu commanderas sur ce site tu n'auras qu'à cliquer sur ce que tu veux et ça ira beaucoup plus vite.

Mathieu : Ce n'est pas comme si j'allais commander une tente tous les mois non plus !

Sylvie : Attention. Il faut saisir tes informations de carte bancaire maintenant. Vérifie que la page est bien sécurisée.

Mathieu : J'ai un logiciel spécial pour ça.

Sylvie : Voilà. Maintenant tu es prêt à commander !

CREATING AN ONLINE ACCOUNT

Mathieu: So how do you order online?

Sylvie: You have to create an online account. Start by clicking on 'Create an account'.

Mathieu: They're asking me for email address, easy. What password do I use?

Sylvie: Whichever one you want, but choose one that is easy to remember.

Mathieu: Us1234. Easy to remember.

Sylvie: Now you can fill out your information. Name, address, phone number...

Mathieu: What's our phone number again?

Sylvie: 06 57 84 51 49

Mathieu: Done. Now they're asking me to verify my email address. What does it mean?

Sylvie: You must have received a confirmation email. You have to click on it.

Mathieu: It's done.

Sylvie: Now, upload your photo. You just have to put the one you use everywhere else.

Mathieu: Done. Is it finished?

Sylvie: No, you still have to define your preferences. For example if you want to receive their newsletter, and specify what kind of items you are interested in.

Mathieu: I'll let you know that it's been 15 minutes since I have created my account and I have not been able to place my order yet.

Sylvie: I know, but that's the way it goes. The next time you want to order on this site you will only have to click on what you want and it will go much faster.

Mathieu: It's not like I'm going to order a tent every month either!

Sylvie: Careful. You must enter your credit card information now. Check that the page is secured.

Mathieu: I have a special software for that.

Sylvie: That's it. You are now all set and ready to order!

74

ORIENTATION

-

FINDING DIRECTIONS

Louis: Nous aurions dû louer une voiture avec un GPS.

Michelle: Arrête avec ça. Et comment faisions-nous jusqu'ici? Je suis capable de lire une carte quand même.

Louis: Visiblement non, car ça fait 25 minutes que nous tournons en rond à la recherche de ce restaurant.

Michelle: Bon alors nous sommes ici, et nous allons là. Prends la prochaine à droite.

Louis: D'accord...

Michelle: Et là nous devrions être rue du... Et non ce n'est pas ça. Rue des Anglais. Mince. Bon ce n'est pas grave, arrête-toi sur le côté deux minutes que je nous resitue. Voilà je l'ai. Tu as tourné trop tôt.

Louis: J'ai fait ce que tu m'as dit! C'est le copilote qui est responsable des indications!

Michelle: Bon ne nous affolons pas, continue tout droit, on va rejoindre l'avenue principale.

Louis: ...avec un peu de chance!

Michelle: Tous les chemins mènent à Rome de toute façon.

Louis: À Rome peut-être, mais à notre restaurant j'en doute fort!

FINDING DIRECTIONS

Louis: We should have rented a car with a GPS.

Michelle: Stop it. Didn't we do just fine before? I am more than capable of reading a map.

Louis: You obviously are not, as we've been driving in circles for the past 25 minutes, looking for this restaurant.

Michelle: Well we are here, and we're trying to go there. Take the next turn to the right.

Louis: Okay...

Michelle: And now we should be rue du... No it's not the right street. Rue des Anglais. Damn. Well, it does not matter, stop on the side of the road for 2 minutes so that I find out where we are. Here, I got it. You turned too early.

Louis: I did what you told me to! The copilot is the one who is responsible for giving directions!

Michelle: Well let's not panic, keep going straight, we will enter the main avenue.

Louis: ... with a little luck!

Michelle: All the roads lead to Rome anyway.

Louis: To Rome maybe, but to our restaurant I doubt it!

75

LES BOISSONS AU BAR

-

BAR DRINKS

Henri : Alors ma chère, qu'est-ce que nous allons commander ?

Karine : Je n'en ai aucune idée. Tu as vu le menu des boissons ! Il y a six pages de cocktails, de jus de fruits, de vins et de bières spéciales. Il y a trop de choix !

Henri : Alors, procédons par élimination. Veux-tu une boisson avec ou sans alcool ?

Karine : À cette heure-ci, sans alcool.

Henri : Il y a plein de cocktails fait maison et sans alcool. Aux fruits ou plus léger.

Karine : J'aimerais quelque chose avec de l'eau pétillante.

Henri : Alors que penses-tu de celle-ci, regarde, c'est une spécialité de la maison : San Pellegrino, menthe et sirop de mirabelle.

Karine : Oui ça a l'air rafraîchissant en effet. Et léger. J'ai soif, je crois que ça me plairait.

Henri : Et bien voilà, c'est réglé.

Karine : Et toi qu'est-ce que tu vas boire ?

Henri : J'hésite entre une bière et un verre de vin bien frais.

Karine : Pourquoi n'essaierais-tu pas un Spritz ? Ça fait longtemps que tu en parles. Ils en servent ici. C'est du vin blanc pétillant pro secco et un apéritif un peu amer.

Henri : Et si je n'aime pas ?

Karine : Il n'y a qu'une façon de le savoir ! Et si tu n'aimes pas, tu pourras toujours demander une bière !

Henri : Allez, c'est parti. Serveur, s'il vous plaît !

BAR DRINKS

Henri: So, honey, what are we going to order?

Karine: I have no idea. Have you seen the drinks menu! There are 6 pages of cocktails, juices, wines and special beers. It's too many options!

Henri: So, let's proceed by elimination. Do you want a drink with or without alcohol?

Karine: At this hour, without alcohol.

Henri: There are plenty of alcohol-free house cocktails. With fruits or water.

Karine: I'd like something with sparkling water.

Henri: So what do you think of this, look, it's a specialty of the house: San Pellegrino, mint and plum syrup.

Karine: Yes, it looks refreshing indeed. And light. I'm thirsty, I think I'd like it.

Henri: Well, that's it, it's settled.

Karine: And what are you going to drink?

Henri: I'm hesitating between a beer and a glass of very fresh wine.

Karine: Why don't you try a Spritz? You've been talking about it for a long time. They serve it here. It is pro-secco sparkling white wine and a bitter aperitif.

Henri: What if I don't like it?

Karine: There is only one way to find out! And if you don't like it, you can always ask for a beer!

Henri: Ok, let's go. Waiter, please!

76

SAVOIR VIVRE

-

GOOD MANNERS

Jessica : Je ne suis pas à l'aise dans ce restaurant. Ces personnes autour de nous, on les entend aspirer, mastiquer, recracher... Ça ne semble pas déranger les autres !

Chan : Chez nous, à table, les règles ne sont pas aussi strictes que les vôtres. Quand on mange, on mange !

Jessica : Oui, je le sais, en Chine, c'est la bouche qui va aux baguettes, et non le contraire. Ces façons de faire seraient difficilement acceptables en France, même dans les milieux populaires.

Chan : Cela est normal ici. Nous n'avons peut-être pas vos manières, mais nous savons recevoir avec générosité. Nos invités ne quittent pas la table tant que leurs ventres ne sont pas bien remplis.

Jessica : En effet, les règles sont différentes. En France, la politesse de l'invité est de terminer son assiette pour montrer que le plat était délicieux.

Chan : Je pense que nous sommes différents, mais au final, tous pareils ! Les bonnes manières, telles que dire s'il vous plaît, merci, bonjour, excusez-moi, etc., sont universelles, quelle que soit la culture. Ça rend les relations bien meilleures, n'est-ce pas ?

Jessica : Oh que oui, vous avez raison Chan... Et si nous prenions un dessert ?

Chan : Il y a peu de desserts chez nous et je crains que ceux que le restaurant propose ne vous conviennent pas. Du thé, plutôt ?

Jessica : Avec plaisir mon cher Chan !

GOOD MANNERS

Jessica: I don't feel at ease in this restaurant. These people around us, we can hear them sucking, chewing, spitting ... it doesn't seem to bother the others!

Chan: In our country, as far as eating goes, our rules are far less strict than yours. When we eat, we eat!

Jessica: Yes I know, in China, it's the mouth that moves towards the chopsticks, and not the other way around. These manners would hardly be acceptable in France, even in the most popular areas.

Chan: This is completely normal here. We may not have your manners, but we are very generous hosts. Our guests never leave the table without having filled their bellies.

Jessica: Indeed, the rules are different. In France, it is polite for the guest to finish his meal to show that it was delicious.

Chan: I think that, at the end of the day, we are all different, but we're also similar in many ways! Good manners, such as saying please, thank you, hello, excuse me, etc. are universal, regardless of the culture. They make relationships so much better, don't you agree?

Jessica: You are so right Chan... How about a dessert?

Chan: There are only but a few desserts here and I'm afraid that the ones on the menu might not please you. How about some tea instead?

Jessica: With pleasure, my dear Chan!

77

LES ALLERGIES

\-

ALLERGIES

Dr Élise : Bonjour Albert.

Albert : Bonjour Dr Élise.

Dr Élise : Qu'est-ce qui vous amène ?

Albert : Mes allergies, docteur. J'ai quelques problèmes depuis que vous avez changé mes cachets. De plus avec tout ce pollen dehors, ça ne fait qu'empirer les choses.

Dr Élise : Je vois. On va reprendre l'ancien traitement alors...

Albert : Oui, j'aimerais bien.

Dr Élise : Êtes-vous stressé en ce moment ? Des problèmes à la maison ?

Albert : Non, mais je n'arrive pas à dormir, tellement ça me gratte.

Dr Élise : Buvez-vous suffisamment d'eau, Albert ?

Albert : Pas vraiment.

Dr Élise : Albert ! Je vous avais prévenu que le temps de vous habituer au nouveau traitement, il vous faudrait boire beaucoup d'eau.

Albert : Je vais faire des efforts docteur.

Dr Élise : Il faut me promettre de faire plus attention.

Albert : Oui, c'est promis.

Dr Élise : De l'eau toute la journée, ou pas de guérison.

Albert : À mon âge, c'est tellement difficile.

Dr Élise : Et à quelle heure vous couchez-vous ?

Albert : Je regarde la télé jusqu'à minuit, parfois plus tard...

Dr Élise : Je vous conseillerais d'aller au lit avant vingt-deux heures, Albert.

Albert :   Mais pourquoi ?

Dr Élise : Pour que le traitement fonctionne, il faut que vous soyez suffisamment reposé.

Albert :   Vous êtes plus attentive que ma femme docteur!

Dr Élise :   C'est pour votre bien ! Bonne journée Albert.

Albert :   Au revoir docteur.

ALLERGIES

Dr. Élise: Hello Albert.

Albert: Hi doctor.

Dr. Élise: What brings you here?

Albert: I am here because of my allergies; I've had problems ever since you changed my medication. On top of that, the pollen outside only makes it worse.

Dr. Élise: I see. We'll go back to the previous treatment then...

Albert: Yes, I'd like that.

Dr. Élise: Any issues currently? Problems at home?

Albert: No, but I can't sleep. It itches quite bad.

Dr. Élise: Are you drinking enough water, Albert?

Albert: Not really.

Dr. Élise: Albert! I warned you that while you get used to the new treatment, you had to drink a lot of water.

Albert: I'll make some efforts doc.

Dr. Élise: You'll have to promise you'll be more careful.

Albert: Yes, I promise.

Dr. Élise: Drink water all day, or you won't get better.

Albert: At my age, it's so difficult.

Dr. Élise: And at what time do you go to bed?

Albert: Well I watch TV until midnight, sometimes later...

Dr. Élise: I would advise you to go to bed before ten, Albert.

Albert: But why?

Dr. Élise: For the treatment to work, you have to be well rested.

Albert: You're more attentive than my own wife, doctor!

Dr. Élise: It's for your own good. Good day, Albert!

Albert: See you, doctor.

78

LES COURS AU COLLÈGE

-

HIGH SCHOOL CLASSES

Mme Fred : Antoine ? Je peux te parler deux minutes ?

Antoine : Oui.

Mme Fred : Tu as des problèmes en ce moment ?

Antoine : Non, tout va bien, madame.

Mme Fred : Ta moyenne est en train de chuter.

Antoine : Je savais que vous alliez m'en parler, Madame Fred

Mme Fred : C'est la troisième fois d'affilée que tu n'as pas la moyenne…

Antoine : Je ferai des efforts la prochaine fois…

Mme Fred : Et puis, tu as l'air fatigué en ce moment… Dis-moi ce qu'il se passe.

Antoine : Non, mais je vous assure, tout va bien, Madame Fred.

Mme Fred : Je suis aussi ta chargée de vie scolaire, tu sais que tu peux te confier en cas de besoin Antoine.

Antoine : Oui, je vous remercie pour votre aide Madame Fred.

Mme Fred : Faudrait-il que je contacte tes parents ?

Antoine : Non Madame Fred, ce ne sera pas nécessaire.

Mme Fred : Alors, il faut que tu te reprennes ! Si tu continues comme ça, tu ne pourras jamais réussir aux examens finaux ! On est déjà presque à la fin du mois d'avril.

Antoine : Je vais faire de mon mieux Madame Fred. Vous pouvez compter sur moi.

Mme Fred : Il ne te reste pas beaucoup de temps. Bon, allez ! À demain !

Antoine : Promis, Madame Fred, demain je vais cartonner au test !

Mme Fred : C'est ce que je voulais entendre !

HIGH SCHOOL CLASSES

Ms. Fred: Antoine? May I take two minutes of your time to talk you?

Antoine: Yes.

Ms. Fred: Are you having any problems at the moment?

Antoine: No, everything's fine, ma'am...

Ms. Fred: Your grades are falling.

Antoine: I knew you would bring up the subject, Mrs. Fred

Ms. Fred: It's the third time around that you don't have a passing grade...

Antoine: I'll try harder next time.

Ms. Fred: And then you look tired at the moment... Tell me what's going on.

Antoine: No, rest assured, Mrs. Fred. Everything's fine

Ms. Fred: I am also the student counselor, you know you can talk to me if you need it Antoine.

Antoine: Yes, thank you're for your help, Mrs. Fred.

Ms. Fred: Should I contact your parents?

Antoine: No Mrs. Fred, that won't be necessary.

Ms. Fred: You have to get back on track. If it keeps going like this, you will never be able to pass your final exams! We are almost at the end of April.

Antoine: I'll try my best Mrs. Fred. You can count on me.

Ms. Fred: You don't have much time left. Alright then. See you tomorrow!

Antoine: I promise Mrs. Fred, tomorrow I'm going to ace my test!

Ms. Fred: That's what I wanted to hear!

79

JOUR DE PLUIE

-

RAINY DAY

La conjointe : Je dois prendre un train pour Strasbourg, je dois absolument être là-bas avant midi pour une importante réunion, tu t'en souviens n'est-ce pas?

Le conjoint : Oh, j'avais complètement oublié.

La conjointe : Je crois que ce matin, ça ne va pas être possible, surtout avec ce temps.

Le conjoint : Je suis supposé aller voir le dentiste ce matin, est-ce que tu veux que j'annule mon rendez-vous avec lui? Je pourrais te déposer.

La conjointe : Penses-tu que ce soit faisable?

Le conjoint : Je suis en train de l'appeler...

La secrétaire : Cabinet Vitale, bonjour, en quoi puis-je vous aider?

Le conjoint : Bonjour, c'est M. Duval, j'appelle pour annuler mon rendez-vous avec le dentiste.

La secrétaire : Oh, Monsieur Duval, je vous informe que le dentiste ne sera pas présent aujourd'hui. Il a préféré ne pas recevoir ses patients à cause des intempéries. Je vous rassure, il a prévu de vous en informer.

Le conjoint : Ah, mais avec ce temps, tout est chamboulé dîtes donc! Je rappellerai pour prendre rendez-vous dans ce cas, bonne journée!

La secrétaire : À bientôt, M. Duval.

Le conjoint : Chérie, même avec ce mauvais temps, tu seras à l'heure.

La conjointe : Mais, comment as-tu fait?

Le conjoint : Superman a encore frappé. Allez ma chérie, hop, en voiture!

RAINY DAY

The wife: I have to take the train to Strasbourg, I absolutely have to be there before noon for a very important meeting, you remember don't you?

The husband: Oh, I completely forgot about that.

The wife: I don't think it will be possible this morning, especially with this weather.

The husband: I'm supposed to see the dentist this morning, but would you like me to cancel my appointment? I could drop you off.

The wife: Do you think it's feasible?

The husband: I'll call the dentist right now...

The secretary: Cabinet Vitale, how may I help you?

The husband: Hello, Mr. Duval speaking, I'm calling to cancel my appointment with the dentist.

The secretary: Oh, Mr. Duval, the dentist will not be in today. Due to the the heavy rain, he would rather not see any patient today. I can assure you, he is planning on informing you.

The husband: Oh, with this weather, everything is turned upside down! I will call back to set up another appointment in that case!

The secretary: See you soon, Mr. Duval.

The husband: Honey, even with this bad weather, you'll be on time.

The wife: But, how did you do that?

The secretary: Superman at it again. Get in the car, let's go!

80

À LA PLAGE

-

AT THE BEACH

Mathilde : Quel temps magnifique ! Nous avons bien fait de venir à la plage. L'été est ma saison préférée. Et toi ?

Thomas : Moi aussi, j'adore l'été. Quand il fait beau et doux comme aujourd'hui, j'ai tout à coup une foule de souvenirs qui me revient.

Mathilde : Ah oui ? Raconte...

Thomas : Tu sais, quand j'étais enfant nous passions tous les étés dans une villa au bord de la mer. J'allais à vélo, chaque matin, acheter une baguette fraîche que nous dégustions, au déjeuner. Nous passions l'après-midi sur la plage à faire des châteaux de sable et à nager.

Mathilde : Moi, j'allais tous les étés chez mes grands-parents. J'ai encore à l'esprit l'odeur du chocolat chaud que ma grand-mère me préparait.

Thomas : C'est dommage que nous n'ayons plus vraiment l'occasion d'aller à la plage comme quand nous étions encore enfants.

Mathilde : As-tu déjà visité d'autres plages que Saint-Tropez ?

Thomas : Oui, en août de l'année dernière, à Nice. Que de bons souvenirs !

Mathilde : En août ? Mais, n'y avait-il pas trop de monde ?

Thomas : Si, la plage était noire de monde, puisque c'était pendant le week-end du 15 août !

Mathilde : J'imagine. Et c'était comment, alors ?

Thomas : C'est un endroit magnifique ! Surtout la Promenade des Anglais, c'est vraiment très joli. L'air de la mer, ça change vraiment les idées.

AT THE BEACH

Mathilde: What an awesome weather. We did well to come to the beach. Summer is my favorite season. What about you?

Thomas: Me too, I love the summer. When the weather is nice and beautiful like this, a lot of memories suddenly come back to me.

Mathilde: Oh yeah? Tell me more…

Thomas: You know, when I was a child, we would spend all our summers in a bungalow by the beach. I would get on my bike, every morning, to buy a fresh baguette, that we would enjoy for lunch. We would spend the afternoon by the beach, building sand castles and swimming.

Mathilde: Personally, I would spend all my summers at my grandparents'. I still remember the hot chocolate that my grandmother would prepare for us.

Thomas: It's sad that we don't get the chance to go to the beach as much as when we were kids.

Mathilde: Have you visited any beaches other than St. Tropez?

Thomas: Yes, I went to Nice last August. I made some great memories!

Mathilde: In August? Wasn't it crowded?

Thomas: Yes, the beach was full of people, especially since the weekend coincided with the celebrations of August 15th.

Mathilde: I can imagine. So how was it, then?

Thomas: It's a wonderful place, especially the 'Promenade des Anglais', it's really beautiful. The sea breeze, it really clears your mind.

81

AU MUSÉE

-

AT THE MUSEUM

Employé : Bonjour, bienvenue au musée national de l'aviation.

Fabienne : Bonjour, auriez-vous un plan du musée ? J'aurais voulu savoir combien de temps dure la visite.

Employé : La durée de la visite est de deux heures, madame. Vous pouvez commencer où vous le souhaitez, mais nous vous recommandons de commencer avec l'histoire de l'aviation, pour ensuite visiter les avions de guerre ainsi que ceux des lignes commerciales.

Fabienne : Ah, c'est super.

Employé : Auriez-vous besoin d'un guide pour vous accompagner ?

Fabienne : Quels sont vos tarifs, s'il vous plaît ?

Employé : Vingt euros pour une visite non guidée, et vingt-cinq euros pour une visite guidée.

Fabienne : Un ticket, s'il vous plaît, pour une visite guidée.

Employé : Voilà votre ticket, votre guide vous attend là-bas. Les photos sont interdites.

Fabienne : Oh, mais que vais-je faire de mon appareil photo ?

Employé : Je vous alloue un casier avec un coût supplémentaire de deux euros.

Fabienne : Tenez, vous pouvez garder la monnaie.

AT THE MUSEUM

Employee: Good morning, welcome to the National Air and Space Museum.

Fabienne: Good morning, do you have a plan of the museum? I would like to know long a visit takes.

Employee: The visit lasts two hours. You can start wherever you want, but we recommend that you start with the history of aviation, then take a look at the war planes as well as the commercial aircrafts.

Fabienne: Oh, that's great.

Employee: Would you like a guide to accompany you?

Fabienne: What is the price, please?

Employee: Twenty Euros for a non-guided tour, and twenty-five for a guided one.

Fabienne: One ticket, please, for a guided tour.

Employee: Here's your ticket, your guide will be waiting for you over there. Taking photographs is forbidden.

Fabienne: Oh, but what should I do with my camera?

Employee: You can use a locker for an additional 2 Euros.

Fabienne: There, you can keep the change.

82

LE CENTRE COMMERCIAL

-

THE SHOPPING MALL

Charles : Alors, ce nouveau centre commercial, tu en penses quoi ?

Laurence : Ce n'est pas très loin de chez moi, donc je peux y aller à vélo, c'est vraiment très pratique. Je trouve le design très moderne. Il y a un grand espace pour le parking. Je trouve aussi que la quantité d'arbres que les constructeurs ont pu préserver pendant la construction est impressionnante. Je leurs dis chapeau !

Charles : Et cet espace ?

Laurence : Il n'y a rien de fait encore, mais ça devrait devenir un espace vert pour les chiens qui accompagnent leurs maîtres.

Charles : Wôw, mais c'est génial ! Tu imagines les centres commerciaux dans quelques années ? Je me demande bien ce que l'avenir nous réserve !

Laurence : Eh oui, les centres commerciaux poussent dorénavant plus vite que les champignons.

Charles : J'aurais aimé habiter tout près d'un centre commercial.

Laurence : Oh, mais ce n'est pas tout le temps avantageux, tu sais !

Charles : Vraiment ? Pourquoi dis-tu cela ? N'est-ce pas bien d'avoir toutes les facilités autour ?

Laurence : Oui, mais ça veut aussi dire du bruit additionnel et des bouchons.

Charles : Tu as raison, je n'y avais pas pensé. Pour quand est prévue l'ouverture ?

Laurence : Ils l'inaugurent ce soir.

Charles : On va y faire un tour après le boulot ?

THE SHOPPING MALL

Charles: So, what are your thoughts on this new shopping mall?

Laurence: It's not very far from my house, I can ride my bike there, it's really convenient. I find its design quite modern. There's a big space for the parking. I think that the amount of trees that the workers have been able to save while building it is impressive. Hats off!

Charles: And what about this space?

Laurence: Nothing has been built there yet, but it's going to become a green space where dog owners can walk their pets.

Charles: Wow, that's fantastic. Can you imagine the shopping malls that will appear here in a few years? I wonder what the future holds!

Laurence: Yes, one could say that these days shopping malls appear faster than mushrooms do.

Charles: I would have liked to live nearby a shopping mall.

Laurence: Oh but it's not all that advantageous, you know!

Charles: Really? Why do you say that? Isn't it great to have all the facilities nearby?

Laurence: Yes, but that also means additional noise and traffic jam.

Charles: You're right, I didn't think about that. When is the opening?

Laurence: It's tonight.

Charles: Shall we get a glimpse after work?

83

LA FÊTE DES VOISINS

-

PARTY WITH THE NEIGHBOURS

Alice : Tu en fais une tête !

Pascal : Un peu oui. Tu n'aurais pas un truc pour le mal de tête ?

Alice : Attends, je regarde... Il me reste un peu d'aspirine. Tiens.

Pascal : Merci, je crois que je vais me reposer encore un peu.

Alice : Je te rappelle que c'est la fête des voisins aujourd'hui.

Pascal : Ah non ! Pas les voisins !

Alice : Si, tu as promis.

Pascal : Tu leur diras que je suis malade.

Alice : Tu ne vas pas me faire ça !

Pascal : Ne crie pas ! S'il te plaît, ne crie pas !

Alice : Je vais même te hurler dans les oreilles si tu ne viens pas.

Pascal : Qui nous a invité ?

Alice : Les voisins de droite pour le déjeuner, ceux de gauche pour le thé.

Pascal : Ouf ! Je pourrais me coucher tôt dans ce cas.

Alice : Te coucher tôt ? Chéri, c'est nous qui recevons au dîner !

Pascal : Oh la la ! Une dure journée s'annonce.

Alice : C'est un jour de fête, je suis certaine que tu vas en profiter, surtout avec Robert, vous avez l'air de bien vous entendre !

Pascal : Il met toujours sa veste bleue pour la fête des voisins.

Alice : Profite de l'occasion pour lui en offrir une.

Pascal : Ma chérie, c'est seulement la fête des voisins, pas le jour de Noël !

PARTY WITH THE NEIGHBORS

Alice: You're making such a weird face!

Pascal: A little yeah. Do you have anything to deal with a headache?

Alice: Hold on let me see... I still have some aspirin. Here you go.

Pascal: Thank you, I think I'm going to rest a bit more.

Alice: It seems like I need to remind you that it's Neighbor Day today.

Pascal: Oh no! Not the neighbors!

Alice: Yes, and you promised.

Pascal: You'll just tell them that I'm sick.

Alice: You can't do this to me!

Pascal: Do not shout! Please, do not shout!

Alice: I will go so far as shouting directly into your eardrums if you do not come.

Pascal: Who has invited us?

Alice: Our right-door neighbors for lunch, the left-door neighbors for tea.

Pascal: Phew! I'll be able to go to bed early.

Alice: Go to bed early? Honey, we're their dinner hosts!

Pascal: Oh boy, I have a long day ahead.

Alice: It's a special occasion, I'm sure you will enjoy it, especially with Robert being present, you two seem to get along well!

Pascal: He's always wearing his blue suit for Neighbor Day.

Alice: It may be an opportunity for you to offer him a new one.

Pascal: Honey, it's Neighbor Day, not Christmas!

84

LA RÉUNION DE TRAVAIL

-

WORK MEETING

Directrice : Paul, avez-vous fini le compte rendu de la réunion de ce matin ? J'aimerais le lire avant que vous ne l'envoyiez à tout le monde.

Paul : Bien sûr. En revanche, l'imprimante ne fonctionne pas, je vais vous l'envoyer sur votre adresse électronique.

Directrice : Ah mince, je n'ai pas mes lunettes aujourd'hui, comment faire ?

Paul : Souhaitez-vous que je vous le lise ?

Directrice : Je n'ai pas suffisamment de temps ce matin. Faisons simple. Trouvez un moyen de l'imprimer et le poser sur mon bureau, je vais me débrouiller.

Paul : Comme vous voudrez.

Directrice : Merci, je dois y aller. Il sera prêt dans la matinée ?

Paul : Oui, je m'en occupe tout de suite, je vous l'apporte avant dix heures.

Directrice : Je serai en réunion, vous le remettrez à madame Blanche. Dites-moi Paul, est-ce que Charles était présent à la réunion ?

Paul : Non madame, il a appelé pour dire qu'il est malade ce matin. Il a demandé à être tenu au courant de ce qu'il se passe.

Directrice : Parfait.

Paul : Bonne journée à vous madame.

WORK MEETING

Manager: Paul, did you finish the report for this morning's meeting? I would like to read it before you send it to everyone else.

Paul: Of course. But the printer is not working. I will send it to your email.

Manager: That's too bad, I don't have my glasses today, what should we do?

Paul: Would you like me to read it to you?

Manager: I don't have enough time this morning. Let's keep it simple. Please find a way to print it and leave it on my desk, I'll manage from there.

Paul: As you wish.

Manager: Thank you, I have to go. Will it be ready in the morning?

Paul: Yes, I'll take care of it right away, I'll bring it to you before ten.

Manager: I'll be in a meeting. Just give it to Mrs. Blanche. Tell me Paul, did Charles attend the meeting?

Paul: No madam, he called to say that he was sick this morning. He asked to be kept informed about what's going on.

Manager: Perfect.

Paul: Have a good day madam.

85

AVEC LES ENFANTS

-

WITH THE KIDS

Émilie : Tu vois, ils obligent maintenant les enfants à porter l'uniforme pour aller à l'école.

Jessica : Penses-tu que cela aidera à changer leur comportement ?

Émilie : Je ne suis pas de cet avis, mais qu'y pouvons-nous ?

Jessica : Mon fils aime ressembler à ses camarades, donc pour moi pas de soucis.

Émilie : Tu connais ma fille, cette idée ne lui plaît pas et elle pense même à changer d'école.

Jessica : Tu ne vas pas succomber à ses caprices quand même ?

Émilie : Mais bien sûr que non, on en a déjà parlé et elle doit se faire à l'idée.

Jessica : Ah, les voilà qui arrivent en courant.

Émilie : Dis donc, ils ne sont jamais fatigués !

Jessica : Oh, ils ne se lassent pas une seconde. L'autre soir, j'ai eu du mal à mettre Gauthier au lit.

Émilie : Lui lire une histoire, ça ne fonctionne plus ?

Jessica : Non je pense que c'est plus simple avec des filles qu'avec des garçons.

Émilie: Tu as raison, les garçons ce n'est pas toujours facile.

WITH THE KIDS

Émilie: Did you see? They're now forcing the children to wear uniforms when attending school.

Jessica: Do you think it's going to help change their behavior?

Émilie: I don't think so, but what can we do?

Jessica: My child prefers to look like his friends so for me it's not a problem.

Émilie: You know my daughter, she's not fond of this idea and she is even thinking about switching schools.

Jessica: You are not going to cave in, are you?

Émilie: Of course not. We've talked about it already and she needs to get used to the idea.

Jessica: Oh, there they are, running towards us.

Émilie: They look like they never get tired!

Jessica: Oh, they never do. The other night, I had trouble putting Gauthier to sleep.

Émilie: Reading him a story is no longer enough?

Jessica: No I think that it's simpler with girls than it is with boys.

Émilie: You're right, boys are not always easy to deal with.

86

VISITE DE MAISON

-

VISITING A HOUSE

José : De toutes les maisons que nous avons déjà visitées, moi je préfère celle avec la piscine, car l'eau c'est excellent pour la détente. Qu'est-ce que tu en penses?

Christelle : Mais chéri, tu ne sais même pas nager !

José : Mais je peux prendre des cours. Ce n'est pas si grave.

Christelle : Comme tu veux. En tout cas, moi, c'est celle avec le grand jardin que je préfère. Comme ça les enfants auront de l'espace pour courir et jouer tranquillement dans l'herbe. Et on pourrait également en profiter pour organiser des barbecues de temps en temps. Un jardin c'est très agréable.

José : Oui c'est bien vrai, mais tu oublies qu'un jardin c'est de l'herbe et dans l'herbe il y a aussi des serpents ! N'est-ce pas?

Christelle : Tu agis toujours de cette façon! Chaque chose a ses avantages et ses inconvénients. Il faut savoir reconnaitre le bon côté des choses. Et en plus on pourrait trouver des solutions face aux serpents. Ce n'est pas comme si on allait vivre dans une jungle. Je t'en prie, ne sois pas si négatif.

José : Bon si tu veux on prendra une maison avec piscine et jardin, comme ça tout le monde sera content, d'accord?

Christelle : OK! Là c'est bien pensé ! Pour le moment rentrons, cette visite m'a donné faim. Que penses-tu d'une pizza?

VISITING A HOUSE

José: Among all the houses that we have already visited, I prefer the one with the swimming pool because water is excellent for relaxation. What do you think?

Christelle: But darling, you don't even know how to swim!

José: I can take swimming lessons. It's not that problematic.

Christelle: As you wish then. Personally, the one that I liked is the one with the large garden. It will give the children the opportunity to have space to run around and play in the grass. We could also organize barbecues from time to time. The garden is quite pleasing.

José: Yes, that's true but you seem to forget that a garden is made up of grass and in the grass, there are also snakes! You remember that, don't you?

Christelle: You are always like that! Every thing has its advantages and its disadvantages. You need to be able to acknowledge the good side of things. Moreover, we could find solutions against the snakes. It's not as if we were going to stay in a jungle. Come on, don't be so negative.

José: If it's so important to you we could choose a house with a swimming pool and a garden so that we can both be happy, agreed?

Christelle: Ok! That was well thought of! For now, let's go back home, this visit made me hungry. How about a pizza?

87

AU DRIVE-IN

-

THE DRIVE-THRU

Brice: Bonjour, madame, que puis-je faire pour vous?

Joëlle: Bonjour, pourrais-je avoir le menu du jour, s'il vous plaît?

Brice: Aujourd'hui nous servons comme plats des steaks, des pizzas aux champignons et du poisson pané. Comme garnitures vous avez le choix entre des frites, des macaronis ou du pain complet.

Joëlle: D'accord. Je vais prendre un steak-frites. J'aimerais aussi avoir un peu de moutarde ainsi que du piment. Je vous remercie.

Brice: C'est noté. Et votre boisson?

Joëlle: Vous avez des jus naturels ou seulement des sodas?

Brice: Nous avons quelques jus naturels à l'orange, l'ananas, et à la goyave. Lequel préférez-vous?

Joëlle: Pour moi ce sera le jus d'ananas cette fois-ci. Je n'en bois pas souvent, mais j'ai envie d'essayer pour une fois.

Brice: Il est très bon, vous verrez. OK je reviens dans quelques instants avec votre plat.

Brice: Et voilà! Bon appétit. Voici la facture.

Joëlle: Est-ce que vous acceptez les cartes?

Brice: Oui madame. Bon appétit, et soyez prudente sur la route. À la prochaine!

THE DRIVE-THRU

Brice: Hi madam, what can I do for you?

Joëlle: Hi, could I have the day's menu, please?

Brice: Today the meals we are serving are beef steak, mushroom pizza and breaded fish. As for toppings, you have the choice between french fries, macaronis and whole-wheat bread.

Joëlle: Alright. I will take the french fries with the beef steak. I would also like to have some mustard as well as some chili pepper. Thank you.

Brice: Noted. What type of drink would you like with that?

Joëlle: Do you have natural juices or only sodas?

Brice: We have some natural juices such as orange, pineapple and guava. Which one do you prefer?

Joëlle: I'll have a pineapple juice this time. I don't drink it often but I feel like having it for once.

Brice: It is very good, you'll see. Okay, I will be back in a moment with your order.

Brice: There! Enjoy your meal. Here is the bill.

Joëlle: Do you accept cards?

Brice: Yes, madam. Enjoy your meal and be careful on the road? See you next time.

Joëlle: Thank you, goodbye.

88

LE TÉLÉPHONE PORTABLE

-

THE MOBILE PHONE

Lorie : Bonjour Clément.

Clément : Bonjour Madame.

Lorie : Avez-vous déjà effectué votre livraison journalière?

Clément : Oui madame.

Lorie : S'est-elle bien passée?

Clément : Oui madame, j'ai déposé le colis et le client l'a déchargé sans aucun problème.

Lorie : Et ensuite?

Clément : Je suis parti aussitôt.

Lorie : Donc vous êtes sur le chemin du retour?

Clément : Oui madame, je suis en route pour le bureau.

Lorie : Vraiment? Vous êtes déjà en route ou bien vous comptez vous mettre en route?

Clément : Hum, je suis déjà en route.

Lorie : Ah bon? Et sur votre route là, il y a deux jeunes filles assises en face de vous dans un café, ou bien je vous confonds avec quelqu'un d'autre?

Clément : Euh... euh...

Lorie : Vous osez me mentir au téléphone? Arrêtez de bégayer et dans dix minutes je veux voir votre explication sur mon bureau, jeune homme. Ai-je été bien claire?

Clément : Oui madame.

Lorie : Et que ça ne se reproduise plus. Vous avez les heures de pause et le week-end pour vos sorties avec des filles. Les heures de travail c'est strictement pour le travail. Ceci est votre dernier avertissement jeune homme. La prochaine fois ça sera la porte !

THE MOBILE PHONE

Lorie: Good morning Clément.

Clément: Good morning Madame.

Lorie: Have you already taken care of your daily delivery?

Clément: Yes, madam.

Lorie: Did it go well?

Clément: Yes, madam, I dropped the package and the client unloaded it without any problem.

Lorie: So what happened next?

Clément: Well, I left right away.

Lorie: So, are you already on your way back?

Clément: Yes, madam, I am on my way to the office.

Lorie: Really? Are you already on the way or are you thinking about getting here?

Clément: Hum, I am already on the way.

Lorie: Oh really? And on the way to here, are there two girls seated in front of you in a cafe, or am I mistaking you for somebody else?

Clément: Hum ... hum...

Lorie: Do you have the audacity to lie to me on the phone? Young man, stop stuttering, I also want an explanation for your behavior on my desk in ten minutes. Did I make myself clear?

Clément: Yes madam.

Lorie: And make sure that this does not happen again. You have breaks and weekends for going out with girls. Working hours are strictly for work. This is your last warning young man. Next time you will be fired!

89

LE JEU TÉLÉVISÉ

-

THE TV GAME

Jean Yves : Bonjour, Solange, et bienvenue à notre jeu télévisé, « Question pour une ado ».

Solange : Bonjour Jean Yves. Et merci de me laisser participer en direct sur votre plateau de télévision.

Jean Yves : Comment allez-vous Solange? Détendue ou stressée par les questions qui vont être posées?

Solange : Je vais bien, Jean Yves. J'avoue que je suis un peu stressée par les questions qui vont être posées, mais bon c'est seulement un jeu. Personne ne finira en prison !

Jean Yves : Vous avez peur de la prison? Avez-vous déjà fait un tour de ce côté-là?

Solange : Hmmmm ! Est-ce que c'est le début des questions pour une ado ou euh...

Jean Yves : Non, non. Mais peut-être devrais-je songer à l'inclure. Bon, passons aux choses sérieuses. Question numéro une : Quel est le prénom de l'élève en classe de sixième que vous détestiez le plus?

Solange : Henri.

Jean Yves : On peut savoir ce que Henri vous a fait en classe de sixième, Solange?

Solange : D'accord. Mon premier jour de classe Henri m'a fait une farce extrêmement gênante, il m'a collé du chewing-gum dans le col de mon manteau !

Jean Yves : Oh la la ! Quel vilain petit garçon !

Solange : Et par la suite j'étais obligée de couper mes cheveux longs et bouclés. Imaginez la moquerie du reste de mes camarades de classe le lendemain...

THE TV GAME

Jean Yves: Hi Solange and welcome to our TV contest, 'Questions for a teen'.

Solange: Hi Jean Yves. And thanks for allowing me to be here live in your TV studio.

Jean Yves: How are you, Solange? Are you rather relaxed or rather stressed by the questions to come?

Solange: I'm fine Jean Yves. I admit that I am a little bit stressed up by the questions that are going to be asked but well it's just a game. It's not like anyone will end up in jail for participating!

Jean Yves: Are you scared of going to jail? Have you already been in jail?

Solange: Hum... Is it the first question ...

Jean Yves: No, no. But maybe I should think of including it. Well, let's move on to more serious matters. Question number one: Tell me the name of the student you hated the most in sixth-grade?

Solange: Henri.

Jean Yves: Is it possible for you to tell us what Henri did to you when you were in sixth grade, Solange?

Solange: Alright. On my first day of class, Henri made an extremely embarrassing joke, he put some chewing gum in the collar of my raincoat!

Jean Yves: Well! What an unkind little boy!

Solange: And later on, I was forced to cut my long curly hair. You can imagine the laughter from the rest of my classmates the next day...

90

À LA PISCINE

-

AT THE SWIMMING POOL

Gerard : Allez ! Viens te baigner, tu n'es quand même pas venu ici pour t'asseoir, l'eau est bien fraîche et en plus ce sera bon pour ta jolie peau !

Marina : N'importe quoi, flatteur. Tu sais très bien que je déteste l'eau de la piscine.

Gerard : Pourtant tu n'hésites pas à revenir chaque fois. Vous les filles, on ne vous comprendra jamais !

Marina : C'est quoi ton problème? Il faut bien des spectateurs à la piscine aussi non? En plus qui t'a dit que la piscine c'est forcément pour nager? C'est aussi pour se détendre.

Gerard : Oui, oui, c'est ça, parle toujours...

Marina : Un crocodile !

Gerard : Un crocodile? Où ça?

Marina : Juste là ! Derrière toi, il fonce droit sur toi, dépêche-toi !

Gerard : Mais où il est, je ne le vois pas?

Marina : Plus vite ; plus vite il s'approche !

Gerard : Il est sorti? Il est passé par où Marina?

Marina : Poisson d'avril !

Gerard : Quoi? Attends que je t'attrape !

AT THE SWIMMING POOL

Gerard: Hurry up! Jump in the water, you didn't come all this way to stay seated, the water is really fresh and, moreover, it will be good for your lovely skin!

Marina: Whatever, flatterer. You know very well that I hate swimming pool water.

Gerard: It doesn't stop you from coming back every time. You girls, we'll never understand you.

Marina: What is your problem? Spectators are also needed at the swimming pool, aren't they? And who said the swimming pool was solely meant for swimming? It is also meant for relaxing.

Gerard: Yes, yes, that's it, keep talking...

Marina: A crocodile!

Gerard: A crocodile? Where?

Marina: Just there! Behind you, it's coming right towards you, hurry up!

Gerard: But where is it, I can't see it?

Marina: Faster, faster it's coming!

Gerard: Is it gone? Where is it, Marina?

Marina: Happy April fools' day!

Gerard: What? Just wait until I get you!

91

FAIRE LE MÉNAGE

-

HOUSEWORK

Fatima : Debout petit paresseux ! C'est l'heure du ménage !

Assan : Oh non ! Pas encore ! C'est déjà le matin ?

Fatima : Arrête de pleurnicher, et au boulot ! La maison ne va pas se nettoyer toute seule. Assan !

Assan : Oui Tata.

Fatima : Qu'est-ce que tu fabriques encore ? Prends la brosse et direction le salon ! Rapidement !

Assan : Hmmmm ! Je déteste le samedi matin chez Tata Fatima.

Fatima : Attention Assan, arrête de grogner ! Dès que je finis de balayer, tu me brosses tout ce joli marbre. N'oublie pas les escaliers de la devanture. C'est compris mon petit paresseux préféré ?

Assan : Oui Tata Fatima !

Fatima : Après le ménage tu auras ton gros bol de chocolat chaud accompagné de quelques délicieuses crêpes à la fraise comme tu les aimes!

Assan : Alors là, je me dépêche et ton parquet sera scintillant. J'adore tes crêpes à la fraise, tu es la meilleure !

Fatima : Je connais quelqu'un qui aime mes crêpes, mais qui n'aime pas le ménage du samedi matin.

HOUSEWORK

Fatima: Time to wake up, lazy boy! It's time for some cleaning up!

Assan: Oh no! Not again! Is it morning already?

Fatima: Stop wailing and get to work! The house will not clean itself up. Assan!

Assan: Yes, Auntie.

Fatima: What are you still doing? Take the brush and get to the living room! Quickly!

Assan: Hmmmm! I hate Saturday morning at Auntie Fatima's.

Fatima: Watch out Assan, stop grumbling! As soon as I finish sweeping, you brush this nice marble floor. Don't forget the steps in front of the house. Is that clear my favorite little lazy boy?

Assan: Yes, Auntie Fatima!

Fatima: After the housework, you will have your big hot chocolate bowl with some delicious strawberry pancakes just the way you like it!

Assan: Then, I will hurry up and your floor will be glittering, Auntie Fatima. I love your strawberry pancakes; you are the best!

Fatima: I know someone who likes my pancakes but who doesn't like Saturday morning chores.

CONTRÔLE DES PASSEPORTS

\-

PASSPORT CONTROL

Agent Lionel: Bonjour, madame, puis-je voir votre passeport s'il vous plaît?

Béatrice: Oui monsieur l'agent, un instant.

Agent Lionel: Madame, ça va bientôt faire dix minutes, il y a d'autres passagers qui attendent. Si vous n'avez pas vos papiers, mettez-vous de côté dans la salle d'à côté.

Béatrice: Mais s'il vous plaît monsieur l'agent, mon passeport je l'avais sur moi tout à l'heure et je l'ai même fait photocopier il y a quelques instants.

Agent Lionel: Alors, montrez-moi cette copie au moins si vous ne trouvez pas l'original, si vous avez véritablement vos papiers.

Béatrice: Bien sûr que j'ai mes papiers. Pour qui me prenez-vous? Justement peut-être que je les ai oubliés dans la photocopieuse. Qu'est-ce que je peux être bête parfois!

Béatrice: Effectivement j'avais oublié mon passeport là-bas. Le voici monsieur l'agent. Je vous l'ai dit, j'ai mes papiers avec moi.

Agent Lionel: Soyez plus prudente la prochaine fois, madame. Vous pourriez vous créer de gros ennuis. Avez-vous récupéré la copie de votre passeport?

Béatrice: Bien noté monsieur l'agent. Je ferais plus attention. Merci encore. Oui, oui j'ai aussi pris la copie.

Agent Lionel: Je vous en prie madame, à votre service! Et restez prudente!

PASSPORT CONTROL

Agent Lionel: Good day madam, can I see your passport, please?

Béatrice: Yes, officer, a minute.

Agent Lionel: Madam, it has been almost ten minutes, there are other passengers who are waiting. If you don't have your documents, please stand aside in the room next door.

Béatrice: But please officer, my passport was with me a moment ago and I even made a copy of it a few minutes ago.

Agent Lionel: Then show me at least that copy if you cannot find the original, if you genuinely have your documents on you.

Béatrice: Of course, I have my documents. Who do you take me for? Hmmm! Maybe I have forgotten them in the photocopy machine. I can be so distracted!

Béatrice: Indeed, I had forgotten it over there. Here is my passport, officer. I told you, I had my documents with me.

Agent Lionel: You should be more careful next time, madam. You could get yourself in some big trouble. Have you recovered the copy of your passport?

Béatrice: Duly noted officer. I will pay more attention. Thanks again. Yes, yes I have also recovered the copy.

Agent Lionel: You're welcome madam, at your service! And be careful!

CHEZ LE VETERINAIRE

-

AT THE VET

Vétérinaire : Alors, quel est le problème de votre chien ?

Dona : Depuis quelques jours il n'arrête pas de se gratter partout, et tout le temps.

Vétérinaire : C'est tout, il se gratte beaucoup et rien d'autre ?

Dona : Oui, oui c'est tout. Il passe son temps à se gratter.

Vétérinaire : Voyons voir de plus prêt. OK, je vois. Quelqu'un a attrapé des puces !

Dona : Des puces ? Ça ne peut pas être possible. Je l'ai lavé le week-end dernier. Il est encore très propre.

Vétérinaire : Oui il peut être très propre, mais quand même attraper des puces. Surtout s'il se balade partout.

Dona : Ah alors oui, ça doit être ça. Mardi dernier je l'ai confié à Sofia. Il s'est probablement roulé dans le jardin des voisins. A présent je comprends.

Vétérinaire : Je vais quand même lui faire un examen complet pour être sûr qu'il n'a pas d'autres allergies. OK, votre chien n'a rien de grave à part quelques vilaines puces. Voilà une ordonnance. Lavez-le trois fois par jour avec ce produit pendant trois jours et puis revenez me voir. Ça devrait aller.

Dona : Allez par ici, vilain petit coureur dans le jardin des voisins ! Merci docteur et à bientôt.

Vétérinaire : Au revoir jeune fille.

AT THE VET

Veterinary: So, what is the problem with your dog?

Dona: He has not stopped scratching himself for the last few days, and it's everywhere and all the time.

Veterinary: Is that all, he's just scratching himself a lot and nothing else?

Dona: Yes, yes that's all. He spends the whole time scratching itself.

Veterinary: Let's take a closer look. Okay, I see. Somebody has got fleas!

Dona: Fleas? That can't be possible. I gave him his bath last weekend. He's still quite clean.

Veterinary: Yes, he could be very clean but still get fleas. Especially if he tends to roam everywhere.

Dona: Oh yes, it's probably that. Last Tuesday I entrusted it to Sofia. Surely he rolled around the neighbor's garden. It finally makes sense to me.

Veterinary: I will still examine him thoroughly to make sure that he doesn't have any other allergies. Ok, your dog doesn't have anything serious, just some bad fleas. Here is a prescription. Give him a bath three times a day with this product for three days and then come back and see me again. He should be fine.

Dona: Come over here, you little naughty wanderer! Thank you, doctor, and see you soon.

Veterinary: Goodbye young lady.

94

PIQUE-NIQUE

-

PICNIC

Nathalie : J'espère que tu as pris les tentes, car la pluie peut nous crée une mauvaise surprise et gâcher l'après-midi.

Pierre : Bien sûr que oui Nat, elles sont déjà dans la voiture. Tu viens ou pas ? On va finir par rater le beau paysage de cet après-midi. Qu'est-ce que tu fais encore là-dedans ?

Nathalie : Ça va, ça va ! Si tu m'avais donné un coup de main au lieu de passer des heures devant la télé, j'aurais pu finir plus tôt. Tu ne penses pas ?

Pierre : Et puis quoi encore ? Dépêche-toi !

Pierre : Ta tarte aux pommes est vraiment délicieuse. C'est trop bon !

Nathalie : Merci Pierre. C'est une recette de ma grande mère.

Pierre : Qu'est-ce que tu préfères, le jus d'orange ou le jus de raisin ?

Nathalie : Je prendrai d'abord celui au raisin et ensuite je boirai aussi l'orange. Ne finis pas tout, tu te comportes comme un clown !

Pierre : Qui est-ce que tu appelles clown ? Attends un peu, tu vas voir ce que le clown peut faire.

Pierre : Levons nos verres à ce bon moment passé dans cet endroit paradisiaque.

PICNIC

Nathalie: I hope you took the tents, because mind you the rain could surprise us and ruin the afternoon.

Pierre: Of course, yes Nat, they already are in the car. Are you coming or not? We will end up missing the beautiful scenery of this afternoon. What are you still doing inside there?

Nathalie: It's okay, it's okay! Had you offered a helping hand instead of spending hours watching TV, I could have finished earlier. Don't you think?

Pierre:Have you lost your mind? Hurry up!

Pierre: Your apple pie is really delicious. It's so good.

Nathalie: Thank you, Pierre. It's a recipe from my grandmother.

Pierre: Do you prefer some orange juice or some grape juice?

Nathalie: I'll have the grape first and then I will also drink some orange juice. Don't finish the whole bottles, you're acting like a clown!

Pierre: Who are you calling a clown? I'll show you what a clown can do.

Pierre: Let's raise our glasses to this nice moment spent in this heavenly place.

95

MENSONGES

-

LIES

Marylin : Papa, à l'école on demande de payer les frais pour l'examen de rattrapage. La date limite c'est ce mercredi.

Jacques : Tu as bien dit les frais de rattrapage ? Comment se fait-il que tu aies à rattraper des matières, tu t'amuses à l'école ou quoi ? J'ai déjà eu à payer la pension normale. Si toi tu es restée t'amuser et n'as pas tout validé ce n'est pas mon problème, mais le tiens.

Marylin : Papa, je ne m'amuse pas à l'école j'ai seulement une matière à rattraper et cette matière-là, personne n'a réussi à avoir la moyenne. C'est toute la classe qui doit la reprendre.

Jacques : Il te faut combien pour cette matière ?

Marylin : 20 euros seulement.

Jacques : Tiens, voici 20 euros et cette fois-ci tu me valides cette matière, est-ce bien clair, Marylin ?

Marylin : Oui papa.

Jacques : Marylin, as-tu déjà payé l'argent du rattrapage ?

Marylin : Oui papa.

Jacques : Je peux voir le reçu ?

Marylin : À l'école ils ont dit de repasser pour récupérer le reçu.

Jacques : Ah bon ? Et pourquoi lorsque moi j'étais à ton école aujourd'hui on m'a certifié que les paiements n'auront lieu que le mois prochain ? Tu m'as menti n'est-ce pas, Marylin ? Qu'as-tu fait de mon argent, Marylin ?

Marylin : Papa pardonnes-moi ! J'avais perdu la clé USB d'une amie et il fallait que je la rembourse...

LIES

Marylin: Daddy, we were asked at school to pay for the make-up exam fees. The deadline is this coming Wednesday.

Jacques: Did you say make-up exam fees? How can you have classes to retake, are you having fun in school is that it? Need I remind you that I have already paid the normal yearly fees? If you were playing around and didn't pass all your exams this is not my problem, it's yours.

Marylin: Daddy, I am not playing around in school. I only have one subject to retake and for that particular subject, nobody in the class had a passing grade. The whole class is retaking it.

Jacques: How much do you need for that subject?

Marylin: Only 20 euros.

Jacques: Take this, here are 20 euros and this time you have to pass it, is that clear, Marylin?

Marylin: Yes, daddy.

Jacques: Marylin, have you already paid the make-up fees?

Marylin: Yes, daddy.

Jacques: Can I see the receipt?

Marylin: The school said that I should come back later to collect the receipt.

Jacques: Really? And how come when I was at your school today they assured me that all payments will only take place next month? You lied to me, didn't you Marylin? What did you do with my money, Marylin?

Marylin: Daddy, forgive me! I misplaced a friend's USB key and I had to reimburse her...

96

MERCI POUR LE CADEAU

-

THANK YOU FOR THE GIFT

Julie : As-tu reçu mon paquet ?

Paul : Oui, c'était une agréable surprise ! Merci beaucoup pour le cadeau !

Julie : De rien. Je sais que tu adores les montres, alors je t'ai choisi celle-là.

Paul : Tu sais faire de bons choix en plus, c'est gentil. C'est exactement ce que j'aime.

Julie : Je suis ravie de savoir que ça t'a fait plaisir.

Paul : Où l'as-tu achetée ?

Julie : Ça restera un secret

Paul : Je voudrais en acheter une pour mon père.

Julie : Normalement, ça ne se dit pas, mais exceptionnellement je vais te montrer mon magasin secret.

Paul : Ah merci pour cette découverte, je penserai à acquérir leur carte fidélité.

Julie : Est-ce à dire que désormais je serai couverte de cadeaux à mon tour ?

Paul : Mais oui ma chérie, comme tu le mérites.

THANK YOU FOR THE GIFT

Julie: Did you receive my package?

Paul: Yes, it was a pleasant surprise! Thank you very much for the gift!

Julie: You're welcome. I know you love watches, so I picked that one for you.

Paul: You know how to make the right choice, that's nice. That's exactly what I like.

Julie: I'm glad to know that it made you happy.

Paul: Where did you buy it?

Julie: It will remain a secret.

Paul: I would like to buy one for my dad.

Julie: Ordinarily, we don't share that sort of thing, but exceptionally I will show you my secret store.

Paul: Ah thank you for the discovery, I think I will get myself a loyalty card.

Julie: Does this mean that from now on, it will be my turn to be spoiled with gifts?

Paul: Yes, my darling, you deserve it.

97

À LA MATERNITÉ

-

AT THE MATERNITY CLINIC

Julie : Êtes-vous le mari de la dame qui est entrée dans le bloc opératoire ?

Alfred : Oui c'est bien moi.

Julie : Je suis heureuse de vous annoncer que vous êtes papa.

Alfred : Comment se portent-ils ?

Julie : La maman et le bébé se portent bien.

Alfred : Pourrais-je les voir ?

Julie : Bien sûr accordez à notre équipe le temps de les installer dans la chambre.

Alfred : OK, je vais donc attendre un peu ; même si j'ai hâte de les voir.

Julie : Je vous comprends. Avez-vous déjà un premier enfant ?

Alfred : Non.

Julie : C'est votre premier bébé alors !

Alfred : Effectivement.

Julie : Félicitations, je vous souhaite beaucoup de courage.

Alfred : Je suis l'homme le plus heureux du monde !

Julie : Regardez votre bout de chou, qu'est-ce qu'il est mignon et vous ressemble !

Alfred : Merci pour vos compliments, ils me vont droit au cœur.

Julie : Mais vous n'allez tout de même pas pas rester debout, asseyez-vous donc.

Alfred : Merci. Au fait combien de jours mon épouse restera-t-elle à la maternité ?

Julie : Si tout se passe bien, elle sortira dans 72 heures.

AT THE MATERNITY CLINIC

Julie: Are you the husband of the lady who went into the operating room?

Alfred: Yes, it's correct.

Julie: I am happy to announce that you are a father.

Alfred: How are they doing?

Julie: The mother and the baby are healthy.

Alfred: Can I see them?

Julie: Of course, just give our team time to set them up in the room.

Alfred: Okay, I will wait a bit then; even if I can't wait to see them.

Julie: I understand. Do you already have a first child?

Alfred: No

Julie: It's your first newborn then!

Alfred: Yes.

Julie: Congratulations, I wish you a lot of courage.

Alfred: Thank you very much. I'm the happiest man in the world!

Julie: Look at this little thing, he's cute and looks just like you.

Alfred: Thank you for the compliments, they go straight to my heart.

Julie: You're surely not going to remain standing up, are you? Please sit down.

Alfred: Thank you. Do you know how many days my wife will have to remain in the maternity ward?

Julie: If all goes well, she'll be able to leave in 72 hours.

98

LA DISPUTE

-

THE ARGUMENT

Eric : Je suis fatigué de te répéter les mêmes choses.

Bianca : Ça tombe bien, je suis fatiguée de tes menaces.

Eric : Je ne comprends pas pourquoi tu t'entêtes dans cette voie !

Bianca : Tu es le seul à la qualifier d'échec.

Eric : C'est pourtant simple à comprendre, je me fais du souci pour toi.

Bianca : Je ne veux plus que tu te soucies de moi ! C'est ma vie ! Je peux en faire ce que je veux.

Eric : Je suis responsable de toi jusqu'au retour de tes parents !

Bianca : Arrêtes de le dire, je n'en ai pas besoin de tes services de responsable.

Eric : Vraiment? Écoutes, je ne te permets pas de me parler sur ce ton. Je te rappelle que je suis ton aîné et tu me dois le respect.

Bianca : Ah oui? Et si je ne suis pas d'accord?

Eric : De toute façon je ne vais pas tomber dans le piège de tes provocations. Ce soir tu ne sors pas.

Bianca : Dans cette maison, je n'ai droit à rien !

Eric : Parce que tu n'en fais qu'à ta tête, sans respect ni égard pour personne.

Bianca : Alors je choisis le programme télé.

Eric : Tu es complètement invivable. Vivement la fin de l'adolescence.

THE ARGUMENT

Eric: I'm tired of repeating the same things to you.

Bianca: It's great, given that I'm tired of your threats.

Eric: I don't understand why you're so stubborn in your decision to go down this path!

Bianca: You're the only one calling this path unsuccessful.

Eric: It should be easy to understand; I am worried about you.

Bianca: I don't want you to worry about me anymore! This is my life! I can do whatever I want with it.

Eric: I'm responsible for you until your parents get back!

Bianca: Stop saying that, I don't need you acting like a supervisor.

Eric: Really? Listen, I will not let you speak to me like that. Shall I remind you that I am your elder and that should show me some respect?

Bianca: Oh, yeah? And what if I don't?

Eric: I'm not going to fall for your provocations. Tonight you're not going out.

Bianca: In this house, I don't have any rights!

Eric: Because you do as you wish without any respect or consideration for anyone.

Bianca: I will choose the TV program then.

Eric: You are utterly unbearable. I can't wait for you to grow past your teenage years.

99

REUNION DE FAMILLE

-

FAMILY REUNION

Thibault : Bonjour Louise

Louise : Bonjour, Thibault, je suis si heureuse de te voir

Thibault : Il en va de même pour moi. Cela faisait un bail !

Louise : Tu as raison, une véritable éternité sans nouvelles de toi.

Thibault : Quand maman m'a informé de cette rencontre, j'étais ravi. Je savais que je vous verrais tous.

Louise : Sais-tu pourquoi grand-père a souhaité réunir toute la famille ?

Thibault : Je pense qu'il commence à sentir le poids de l'âge

Louise : Seulement pour ça ?

Thibault : Oui c'est une raison suffisante pour lui : voir ses enfants et ses petits-enfants.

Louise : Je pensais que c'était pour nous annoncer les fiançailles de Quentin.

Thibault : Hum... Peut-être que tu n'as pas complètement tort

Louise : Ah tiens grand-mère demande à tout le monde d'entrer dans la maison.

Thibault : Ok allons-y ! Le mystère derrière cette réunion sera probablement résolu.

Louise : Tu vois, je l'avais bien deviné ; c'est à propos des fiançailles de Quentin.

Thibault : Je ne pensais pas que Quentin envisagerait si vite les fiançailles. Il n'a jamais été très sérieux avec les femmes

Louise : Ah mais laisse-moi te dire qu'il a beaucoup changé depuis qu'il a rencontré cette fille.

Thibault : As-tu remarqué comment grand-mère semble avoir rajeuni ?

Louise : Oui elle a passé beaucoup de temps à Paris. Et depuis son retour, elle est rayonnante.

Thibault : Nous devrions faire plus de réunions familiales.

FAMILY REUNION

Thibault: Hello Louise

Louise: Hello Thibault, I am so happy to see you

Thibault: The same can be said for me. It's been a while!

Louise: That's right, I haven't had any news from you for what seems to be an eternity.

Thibault: I was very pleased when my mother informed me of this reunion. I knew I'd see you all.

Louise: Do you know why grandpa decided to have the entire family together?

Thibault: I think he's starting to suffer from his age.

Louise: Solely for that?

Thibault: Yes, it is a good enough reason for him: seeing his children and grandchildren.

Louise: I thought it was to announce Quentin's engagement.

Thibault: Hum... You may not be wrong on this one.

Louise: Oh, grandma's asking everyone to come inside the house.

Thibault: Okay, let's go! The reason behind this reunion will probably be unveiled.

Louise: See, I knew it; it's about Quentin's engagement.

Thibault: I didn't think Quentin would consider getting engaged that quickly. He was never the serious type with women.

Louise: Ah, but let me tell you, he's changed a lot since he started dating that girl.

Thibault: Okay. But have you noticed how grandma seems to have rejuvenated?

Louise: Yes, she spent a lot of time in Paris. And since she's been back, she's been glowing.

Thibault: We should have more family reunions.

100

DANGER
-
DANGER

Michael : Demain, j'irai camper dans les bois.

Barbara : Je te le déconseille. Une légende raconte que ces bois avalent tous ceux qui s'y aventurent.

Michael : Ah, on raconte ce genre d'histoires juste pour pimenter la vie des campagnards.

Barbara : Ce n'est pas faux, tu sais ! Cette forêt abrite un grand danger.

Michael : Quel est ce danger à ton avis ? Qu'as-tu vu ?

Barbara : Au début, je n'y croyais pas, mais l'année passée après la disparition d'un ami j'ai eu de sérieux doutes sur l'innocence de cette forêt. Il y est allé un matin pour la chasse, et n'est plus jamais revenu.

Michael : Ah bon ? Qu'avez-vous fait au village après sa disparition ?

Barbara : Les pompiers et les policiers ont fait plusieurs recherches, mais aucune trace de lui !

Michael : Il doit bien y avoir une explication.

Barbara : La légende raconte que de dangereux ours et félins s'y aventurent.

Michael : Intéressant ! J'aimerais bien voir ces animaux et les prendre en photo.

Barbara : Un homme averti en vaut deux !

DANGER

Michael: Tomorrow I will go camping in the woods.

Barbara: I do not recommend it. A legend says that these woods gobble up all those who enter them.

Michael: Ugh, this kind of story is only told to spice up country life.

Barbara: It's not untrue, you know! This forest hides a great danger.

Michael: So what is the danger in your opinion? What did you see?

Barbara: At first I didn't believe it. But last year, after the disappearance of a friend I started having some serious doubts about this forest' supposed innocence. He went there for hunting one morning and never came back.

Michael: Really? What did the villagers and you do after he disappeared?

Barbara: The fire department and the police performed several searches, but no sight of him!

Michael: There must be some explanation.

Barbara: Some say that dangerous bears and felines venture into it

Michael: Interesting! I'd like to see these animals and take pictures of them.

Barbara: A man that's been warned is worth two that haven't!

101

LES CHOSES INTERDITES

-

THE FORBIDDEN THINGS

Fernand : Tu as beaucoup grandi.

Patricia : Merci.

Fernand : 18 ans c'est l'âge de la fin des interdits !

Partricia : J'ai attendu ce moment pendant tellement longtemps.

Fernand : J'imagine bien ! Mais il faut que tu fasses attention !

Patricia : Je pourrai maintenant acheter de l'alcool librement. Conduire. Avoir ma propre carte de crédit et dépenser librement mon argent.

Fernand : Tu devrais faire attention à l'alcool et à la voiture.

Patricia : Ah je vois que ça t'embête que je puisse accéder à tout ce qui m'a toujours été interdit.

Fernand : Je ne suis pas embêté, seulement inquiet.

Patricia : Maintenant que je suis majeure j'ai droit à tout cela. D'ailleurs je compte rejoindre des amis avec la voiture de maman.

Fernand : Tu ne peux pas conduire sans assurance, c'est interdit.

Patricia : Dans ce cas j'emprunterai ton scooter.

Fernand : Tu n'as pas de casque, c'est interdit.

Patricia : Décidément ! Vive la majorité !

THE FORBIDDEN THINGS

Fernand: You grew up quite a lot.

Patricia: Thanks.

Fernand: Eighteen marks the end of prohibitions!

Particia: I have been waiting for this moment for a long time.

Fernand: I can imagine! But you have to be careful!

Patricia: I'll be able to buy alcohol freely. Drive. Have my own credit card and spend my money freely.

Fernand: You should be careful with alcohol and driving.

Patricia: Oh I see that it pains you that I can access to everything that has always been forbidden to me.

Fernand: I'm not bothered, only worried.

Patricia: Now that I'm an adult, I have the right to all of this. In fact, I'm going to meet up with some friends right now using mom's car.

Fernand: You can't drive without insurance, it's illegal.

Patricia: Then I'll borrow your scooter.

Fernand: You can't without a helmet, it's also illegal.

Patricia: It's so great to finally be an adult!

102

FOURNITURES SCOLAIRES

-

SCHOOL SUPPLIES

Alex : Es-tu passé à ton école afin de regarder la liste des fournitures scolaires ?

Sandra : Non je n'y suis pas allée, je l'ai trouvée dans la boîte aux lettres

Alex : D'accord ! L'as-tu lue ? Que faut-il acheter pour ta rentrée ?

Sandra : Il y a pas mal de livres, de cahiers et quelques outils techniques.

Alex : De quoi s'agit-il concrètement ?

Sandra : Un livre d'anglais, un livre de mathématiques et un autre d'histoire-géographie.

Alex : Il n'y a pas de livre prévu pour apprendre le français ?

Sandra : Ah oui j'allais oublier, il y a un livre pour le français.

Alex : Quoi d'autre ?

Sandra : J'aurais aussi besoin d'un compas, de 3 stylos de différentes couleurs, un crayon et une gomme. En bonus, je compte sur maman pour m'acheter un joli sac comme à son habitude.

Alex : Ah, mais quelle file d'attente !

Sandra : Nous allons patienter, c'est la période des courses pour la rentrée.

Alex : Le problème c'est que tout le monde reçoit sa liste en même temps.

Sandra : Il ne va plus y avoir les marques que je voulais !

Alex : L'an prochain nous ferons tes courses sur Internet !

SCHOOL SUPPLIES

Alex: Did you go to your school to check the list of school supplies?

Sandra: No, I didn't go. I found it in the mailbox.

Alex: Alright! Have you read it? What do you need to buy for the beginning of school?

Sandra: Quite a few books, some notebooks and some technical tools.

Alex: Can you be more specific?

Sandra: An English book, a book about mathematics and another about history and geography.

Alex: There are no books about French?

Sandra: Oh, yeah, I almost forgot. There's a book about French.

Alex: Okay, what else?

Sandra: I would also need a compass and 3 pens of different colors, a pencil and an eraser. Moreover, I'm counting on Mom to buy me a nice bag like she always does.

Alex: Oh, God, what a waiting line!

Sandra: We'll wait; everyone's shopping for the new school year

Alex: The problem is that everybody gets the list at the same time.

Sandra: They'll be out of stocks for my favorite brands.

Alex: Next year, we'll shop on the Internet.

103

JE ME SENS MAL

-

I DON'T FEEL WELL

Hélène : Bonjour Ben !

Benjamin : Depuis la semaine dernière, je n'ai aucune nouvelle de toi. Comment vas-tu ?

Hélène : Pas bien du tout. Je me sens très fatiguée.

Benjamin : Tu manques probablement de sommeil. Repose-toi.

Hélène : Justement je n'arrive pas à dormir, j'ai des insomnies.

Benjamin : Mais pourquoi ne m'as-tu rien dit ?

Hélène : Tu sais, depuis notre dernière rencontre je n'ai pas utilisé mon téléphone, c'est à quel point je me sens mal !

Benjamin : Tu es stressée. C'est sûrement dû au voyage que tu prépares.

Hélène : Peut-être bien !

Benjamin : Je te propose de te ramener à la maison. Je te ferai ensuite une infusion de tilleul ; après cette infusion tu te sentiras beaucoup mieux

Hélène : OK merci, tu es véritablement un gentleman. Merci de m'avoir ramené, et surtout merci pour cette délicieuse infusion.

Benjamin : Je le fais avec gaieté de cœur ; l'essentiel est que tu te sentes mieux.

Hélène : Je suis toujours étourdie, mais je crois que ça ira d'ici quelque temps. J'ai juste besoin de repos. Je vais aller faire une sieste.

Benjamin : Dors un peu. Trop de stress. Prends des bains chauds et ouvre un livre plutôt que ta tablette ou ton téléphone.

Hélène : En effet, la lumière bleue n'aide pas à se reposer.

I DON'T FEEL WELL

Hélène: Hello Ben!

Benjamin I haven't heard from you since last week. How are you?

Hélène: Not good at all. I feel very tired.

Benjamin: You probably do not get sufficient sleep. You should rest.

Hélène: Precisely, I cannot sleep, I'm suffering from insomnia.

Benjamin: But why didn't you say anything?

Hélène: You know, ever since the last time we met I haven't used my phone, that's how bad I'm feeling!

Benjamin: You're stressed. It's probably because of the trip you're planning.

Hélène: Maybe!

Benjamin: May I get you home. I'll prepare for you a lime blossom infusion; after which you'll feel much better.

Hélène: Okay, thanks, you're a real gentleman. Thank you for taking me home, and especially thanks for this delicious herbal tea.

Benjamin: I'm doing this quite happily. The most important thing is that you get better.

Hélène: I'm still feeling dizzy, but I think I'll be fine in a while. I'm going to take a nap.

Benjamin: Get some sleep. You're too stressed. You should take some hot relaxing baths and crack open a book rather than spend time on your smartphone or tablet.

Hélène: Indeed, the blue light doesn't help with resting.

104

MODE D'EMPLOI

-

USER GUIDE

Christian : Peux-tu m'aider à repasser mes vêtements, ma sœur chérie ?

Stéphanie : Non, tu es suffisamment grand pour le faire.

Christian : Mais je ne sais pas utiliser le nouveau fer à repasser !

Stéphanie : La belle excuse !

Christian : Je suis sérieux !

Stéphanie : C'est pourtant simple. Lis le mode d'emploi et tu sauras comment t'y prendre.

Christian : Mais il est rédigé en anglais, ton fameux guide.

Stéphanie : Si tu avais été un peu plus curieux, tu aurais vu qu'il y a une partie en français.

Christian : Ah oui. Tiens. Il y a toutes les informations sur l'appareil !

Stéphanie : J'ose croire que tu n'embêteras plus personne pour repasser tes vêtements.

Christian : Un mode d'emploi c'est très bien, mais ça ne remplace pas la démonstration pratique. C'est dommage que le guide ne vienne pas avec une personne pour manipuler le fer à repasser.

Stéphanie : Décidément tu n'es simplement bon à rien. Ce qu'il te faut c'est un guide d'utilisation de la vie en société.

Christian : Il faut surtout un guide d'utilisation à maman pour me faire des frères et sœurs qui pourront m'aider dans les tâches quotidiennes.

Stéphanie : Très drôle !

USER GUIDE

Christian: Could you help me irong my clothes, dear sister?

Stephanie: No, I think you're old enough to do it yourself.

Christian: But I don't know how to use the new iron.

Stephanie: That's a lame excuse.

Christian: I'm serious!

Stephanie: It's quite simple. It comes with a user's guide. Just read it and you'll learn how to do it.

Christian: But your infamous guide is written in English.

Stephanie: If you had been a little more curious you would have seen that there is a French translation.

Christian: Oh yes. All the information needed is on the device!

Stephanie: I would like to believe that you won't have to bother anyone anymore to iron your clothes.

Christian: A user's guide is great, but not nearly as good as a practical demonstration. It's a shame it doesn't come with someone to handle the iron.

Stéphanie: Seriously, you are useless. What you need is a user's guide for handling one's life in a society.

Christian: I'd rather have a user's guide so that mother can birth other siblings that would help me with the daily chores.

Stéphanie: Very funny!

105

LES ÉMOTIONS

-

EMOTIONS

Jonathan : Maman !

Mireille : Oui chéri.

Jonathan : C'est quoi les émotions ?

Mireille : Ce sont des sentiments.

Jonathan : Je ne comprends pas.

Mireille : Tu sais si on prend exemple sur toi et moi, quand tu me vois, comment te sens-tu ?

Jonathan : Je suis content, tu es la meilleure maman du monde !

Mireille : OK, quelqu'un d'autre pourrait dire que tu m'aimes très fort.

Jonathan : Oui maman je t'aime !

Mireille : Voilà, c'est ce qu'on appelle des émotions : ce que tu ressens. Ça peut être de la joie ou de la tristesse, de la rancœur ou de l'amour. Si ton amie t'abandonnait à la recréation et ne te parlait plus, tu serais triste, pas vrai ?

Jonathan : Oui maman.

Mireille : Si ta sœur te faisait un cadeau à ton anniversaire, tu serais content n'est-ce pas ?

Jonathan : Bien sûr maman.

Mireille : Si par exemple tu traversais la rue et qu'en même temps, un véhicule arrivait à toute vitesse, tu aurais peur. Et bien c'est tous ces états dans lesquels tu peux te trouver et qui provoquent des réactions chez toi, c'est ce qu'on appelle des émotions.

Jonathan : Ah d'accord j'ai tout compris. Merci maman.

EMOTIONS

Jonathan: Mom!

Mireille: Yes, love.

Jonathan: What are emotions exactly?

Mireille: They are your feelings.

Jonathan: I don't get it.

Mireille: Let's see, let's take you and I, for example, how do you feel when you see me?

Jonathan: I am happy, you're the best mom in the world!

Mireille: OK, somebody else may look at you and say that you love me very much.

Jonathan: Yes, mom I do!

Mireille: That's what we call emotions: it's the way you feel. It can be joy or sadness, resentment or love. If your friend abandoned you at recess, and stopped speaking to you altogether, you would be sad, wouldn't you?

Jonathan: Yes, I would mother.

Mireille: If your sister gave you a birthday present, you would be happy, wouldn't you?

Jonathan: Of course Mom.

Mireille: Let's take another example, if you were crossing the street and a car was moving towards you very fast, you would be scared. All those states you find yourself in and that provoke reactions is what we commonly call emotions.

Jonathan: Oh, okay, I get it, thanks, Mom.

FREE BOOK!

Free Book Reveals The 6 Step Blueprint That Took Students
From Language Learners To Fluent In 3 Months

If you haven't already, head over to LingoMastery.com/hacks and grab a copy of our free Lingo Hacks book that will teach you the important secrets that you need to know to become fluent in a language as fast as possible. Again, you can find the free book over at LingoMastery.com/hacks.

MORE FROM LINGO MASTERY

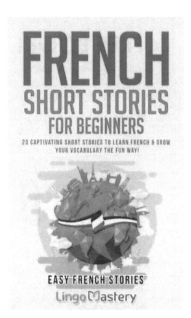

Do you know what the hardest thing for a French learner is?

Finding PROPER reading material that they can handle...which is precisely the reason we've written this book!

Teachers love giving out tough, expert-level literature to their students, books that present many new problems to the reader and force them to search for words in a dictionary every five minutes — it's not entertaining, useful or motivating for the student at all, and many soon give up on learning at all!

In this book we have compiled 20 easy-to-read, compelling and fun stories that will allow you to expand your vocabulary and give you the tools to improve your grasp of the wonderful French tongue.

How French Short Stories for Beginners works:

- Each story will involve an important lesson of the tools in the French language (Verbs, Adjectives, Past Tense, Giving Directions, and more), involving an interesting and entertaining story with realistic dialogues and day-to-day situations.

- The summaries follow a synopsis in French and in English of what you just read, both to review the lesson and for you to see if you understood what the tale was about.

- At the end of those summaries, you'll be provided with a list of the most relevant vocabulary involved in the lesson, as well as slang and sayings that you may not have understood at first glance!

- Finally, you'll be provided with a set of tricky questions in French, providing you with the chance to prove that you learned something in the story. Don't worry if you don't know the answer to any — we will provide them immediately after, but no cheating!

So look no further! Pick up your copy of **French Short Stories for Beginners** and start learning French right now!

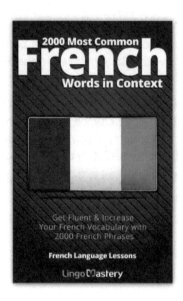

Have you been trying to learn French and simply can't find the way to expand your vocabulary?

Do your teachers recommend you boring textbooks and complicated stories that you don't really understand?

Are you looking for a way to learn the language quicker without taking shortcuts?

If you answered *"Yes!"* to at least one of those previous questions, then this book is for you! We've compiled the **2000 Most Common Words in French,** a list of terms that will expand your vocabulary to levels previously unseen.

Did you know that — according to an important study — learning the top two thousand (2000) most frequently used words will enable you to understand up to **84%** of all non-fiction and **86.1%** of fiction literature and **92.7%** of oral speech? Those are *amazing* stats, and this book will take you even further than those numbers!

In this book:

- A detailed introduction with tips and tricks on how to improve your learning

- A list of **2000** of the most common words in French and their translations

- An example sentence for each word – in both French *and* English

- Finally, a conclusion to make sure you've learned and supply you with a final list of tips

Don't look any further, we've got what you need right here!

In fact, we're ready to turn you into a French speaker... are you ready to get involved in becoming one?

CONCLUSION

What a ride, huh? One hundred and five conversations in French, written for your learning and improvement of your grasp of the language! We hope that they've served to help give you a better understanding of conversational French and to provide you with a massive amount of learning material that most professors *won't* be providing you anytime soon!

We have one last round of tips for you, reader, now that you're done with the book and may suddenly be wondering what comes next:

1. **Study!** Nobody learns a new language overnight, and just skimming through this book once won't be enough for you to acquire the tools you've looked for. Re-read it, understand it and finally dominate it, and only then will you be truly learning.

2. **Rehearse!** Find a partner and rehearse or recreate the conversations that you see here. It'll work for your pronunciation and shake that shyness you may have!

3. **Create!** Take these conversations and make your own for other situations! There's always something you can produce on your own, and it'll help you improve your grasp of the tongue!

4. **Don't give up!** Giving up is for losers. Keep working and make your effort worth it. Results will come, trust us!

So there we have it, readers, we've finally reached the end. We hope you enjoyed the book and continue to come back for more. We're certainly working hard to produce more books for you to improve your French.

Keep an eye out for more books like this one; we're not done teaching you French! Head over to **www.LingoMastery.com/hacks** and download our free guide to get fluent as soon as possible and check out our Youtube channel. We give away so much free stuff that will accelerate your French learning and you don't want to miss that!

If you liked the book, we would really appreciate a little review wherever you bought it.

**Good luck and don't quit! Success
is always just a few steps away!**

Thanks for reading!